熊本城天守閣常設展示図録

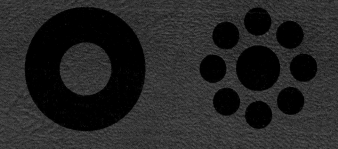

CONTENTS

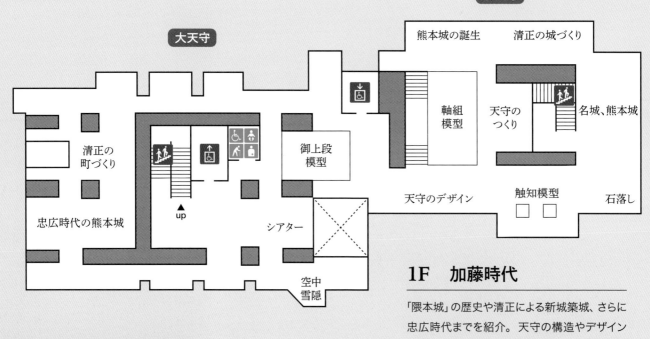

1F　加藤時代

「隈本城」の歴史や清正による新城築城、さらに忠広時代までを紹介。天守の構造やデザインのほか、河川改修や城下の設備など、加藤時代の城づくりと町づくりについて体感できる。

熊本城天守閣
フロアマップ

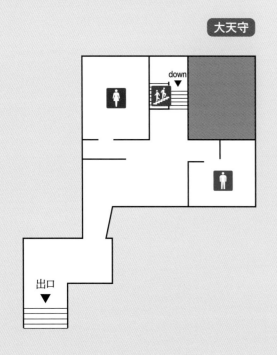

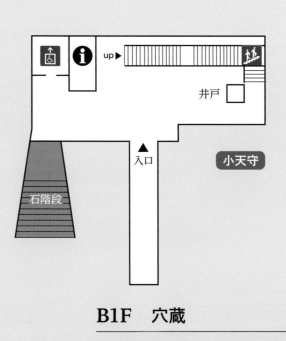

B1F　穴蔵

天守閣の入口は、地階にある小天守の穴蔵。かつては台所として使われていた。石垣・井戸・石階段などの実物をみることができる。

 インフォメーション　 男性用トイレ　 女性用トイレ　 エレベーター　 階段　 障がいのある人が使える設備　 乳幼児用施設　 高齢者優先設備　 オストメイト

6F　展望フロア

熊本の市街地を一望できる最上階。スマートフォンアプリのAR機能を使って、明治初期の古写真を現代の景色に重ねて表示・閲覧できる。

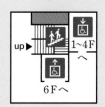

5F　通路

最上階へと続くフロア。

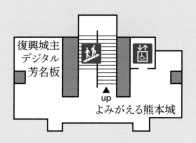

4F　現代

熊本城の修理と復元や平成28年熊本地震の被害と復旧のほか、復興城主デジタル芳名板も設置。

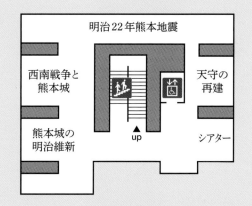

3F　近代

軍施設として使われた近代の熊本城について解説。西南戦争で焼失した天守や、明治22年の震災、昭和時代の修理や再建についても紹介。

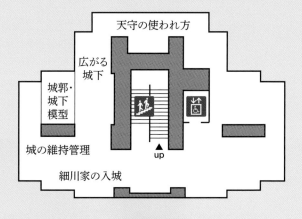

2F　細川時代

細川家の入城後、さらに拡大する城下について模型や映像で解説。さらに城の維持管理や、武器庫としての天守について甲冑や火縄銃のレプリカを展示して紹介。

小天守地階
穴蔵

小天守の土台である石垣の内部は穴蔵（地下階）となっていた。本来は土間に礎石が並び、その上に木の土台を置いて建物を支える柱を立てていた。小天守の穴蔵は「御水屋」と呼ばれる台所で、井戸やかまどがあり、籠城にも耐えられる機能を備えていた。

井戸

小天守穴蔵に現在する井戸。直径約2.7mの井戸は、底が現在埋まっていて正確な深さは不明である。

石階段

本来の木造天守では、1階と小天守地階（穴蔵）の往来には、この石階段が使用された。石段の一番上から1階床までは1mの段差があり、2段の箱段が置かれていた。緊急時には箱段を取り外せば天守1階に上ることは難しくなる工夫である。

オイルダンパー　摩擦ダンパー

〈耐震補強と安全対策〉

オイルダンパーと摩擦ダンパーを交差させて設置。地震時に耐震・制震効果を発揮するとともに省スペース化を可能にした。石垣には前面に高強度の金網を施し、入口付近では石垣内部に網目状の補強材を敷き込んで構造補強を行った。

1階

空中雪隠

雪隠は便所のこと。建物の外側の空中に張り出した構造であることから「空中雪隠」と呼ばれる。

石落し

小天守1階のそれぞれの隅には、外側に壁面が張り出した「石落し」があった。石落しは床の底板が開閉できて、死角となる石垣直下の敵兵を鉄砲や弓矢で攻撃するためのものである。

加藤時代

Kato Era

蛇の目紋長烏帽子形兜
（本妙寺蔵）

井芹川

坪井川

藤崎八旛宮　　　　　　天守閣　　伝千葉城

平成14年（2002）発掘調査地
（国立病院機構熊本医療センター敷地）

隈本城

白川

■ 堀切
■ 切岸（人工斜面）
　曲輪

中世隈本城の位置

名城、熊本城

発掘調査にみる隈本城

　平成14年（2002）の国立病院機構熊本医療センターの発掘調査では、13世紀から16世紀の土器・陶磁器が出土したほか、16世紀代の堀・柵・櫓・掘立柱建物群などが発見されており、この場所が中世隈本城の一角を占めていた可能性が高い。

隈本城跡遺構検出状況

出土遺物（輸入陶磁器）1　　　出土遺物（輸入陶磁器）2
（写真はすべて熊本県教育委員会提供）

An Exceptional Castle
— Kumamoto Castle

戦国武将、加藤清正が
火の国・熊本に築いた城は
規模の大きさ、堅い守り、
見事な石垣で知られる屈指の名城。
その源流は、中世の「隈本城」にさかのぼる。

熊本城のはじまり

　現在の熊本城の前身である「隈本城」は、14世紀に初めて歴史上に現れた。　城の位置は定かではないが、はじめは千葉城地区にあり、のちに古城地区に移ったともいわれている。　茶臼山周辺は中世から城が築かれた要所で、政治や戦いの舞台であった。　その場所に築かれた「隈本城」は、九州平定のため熊本を訪れた豊臣秀吉も「名城」と呼ぶにふさわしい城だった。

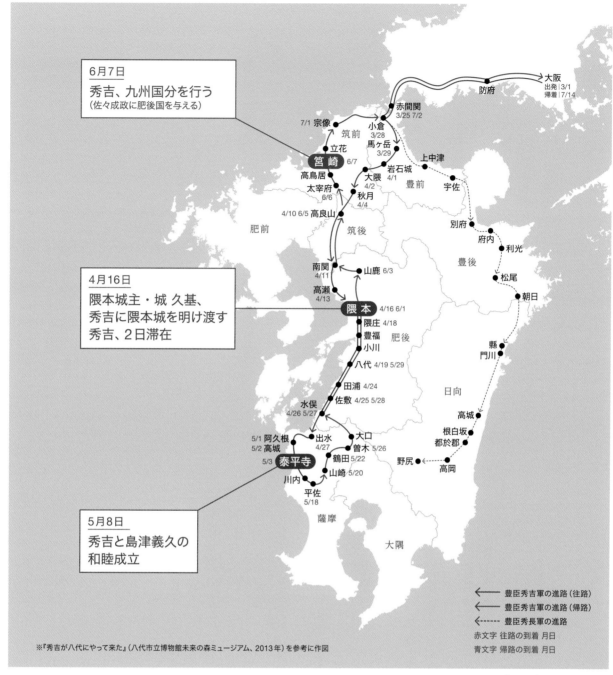

6月7日
秀吉、九州国分を行う
（佐々成政に肥後国を与える）

4月16日
隈本城主・城 久基、
秀吉に隈本城を明け渡す
秀吉、2日滞在

5月8日
秀吉と島津義久の
和睦成立

大阪
出発｜3/1
帰着｜7/14

防府

赤間関
3/25 7/2

7/1 宗像
筑前

小倉
3/28

馬ヶ岳
3/29

上中津

立花

箱崎
6/7

高鳥居

大隈
4/2

岩石城
4/1

豊前

宇佐

太宰府
6/6

秋月
4/4

別府

府内
利光

肥前

4/10 6/5 高良山

筑後

豊後

松尾

朝日

南関
4/11

山鹿 6/3

高瀬
4/13

隈 本
4/16 6/1

隈庄 4/18

豊福

小川

肥後

縣

門川

八代
4/19 5/29

田浦 4/24

水俣
4/26 5/27

佐敷
4/25 5/28

日向

高城

根白坂
都於郡

5/1 阿久根
5/2 高城

出水
4/27

大口

曽木 5/26

野尻

高岡

5/3 泰平寺

鶴田 5/22

川内

山崎 5/20

平佐
5/18

薩摩

大隈

⟵ 豊臣秀吉軍の進路（往路）
⟵ 豊臣秀吉軍の進路（帰路）
⟵---- 豊臣秀長軍の進路
赤文字 往路の到着 月日
青文字 帰路の到着 月日

※『秀吉が八代にやって来た』（八代市立博物館未来の森ミュージアム、2013年）を参考に作図

豊臣秀吉の九州平定進路

秀吉、隈本城を称える

　16世紀後半、九州では肥前の龍造寺氏、豊後の大友氏、薩摩の島津氏が勢力を争っていたが、次第に島津氏が九州北部に進出した。天正15年（1587）、大友・島津氏に出した停戦令を島津氏は受け入れず、豊臣秀吉は九州に出兵した。大軍勢を前にした隈本城主・城久基は抵抗なく城を明け渡した。秀吉は、薩摩への道中で隈本城に2日滞在し、この城を「名城」と称えた。

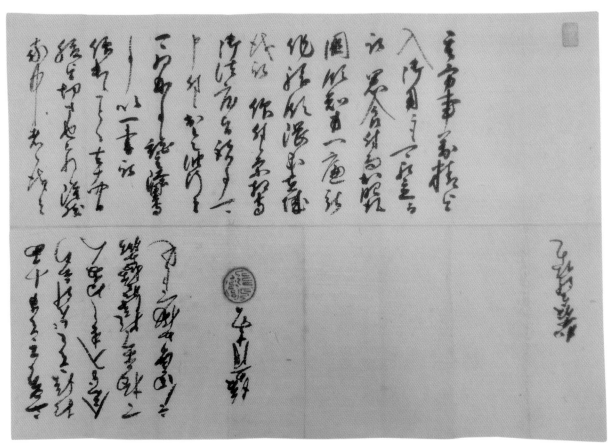

豊臣秀吉朱印状（天理大学附属天理図書館蔵）複製（複製番号311、翻刻番号1353）

其方事、万精を
入、御用ニも可罷立与
被　思食付而、於肥後
国領知方、一廉被
作拝領、隈本在城
儀、被　仰付候条、相守
御法度旨、諸事可
申付候、於令油断者、
可為曲事候、就其陸奥守（佐々成政）
事、以一書被
仰出候ごとく、去十四日
腹を切らせられ候、雖然、
家中者之儀者
（折り返し）
不苦候間、其方小西
相談、其々ニ見計、知行
念を入遣之、為両人
可抱置候、猶浅野弾正少弼・
戸田民部少輔可申候也、（勝隆）
後五月十五日　（秀吉朱印）○（天正十六年）
加藤主計頭とのへ

清正、隈本へ

　九州を平定した豊臣秀吉は、天正15年（1587）6月に佐々成政へ肥後一国を与え、隈本城を居城とするために城の改修を命じた。しかし、任命から1か月もしないうちに領内の国衆が検地に反発して一揆を起こし、秀吉は一揆を生じさせた罪で成政を切腹させた。成政に代わって肥後北半国の領主に大抜擢されたのが、加藤清正である。

肥後を与えた理由
「豊臣秀吉朱印状」

　肥後北半国19万5,000石を与えた日に出された秀吉の朱印状である。清正に肥後を与えた理由について「お前は何事にも精を入れて頑張っており、秀吉の役に立つだろうから、肥後国を与えた。隈本に在城するように」とある。27歳で肥後国の領主となった清正に対する秀吉の大きな期待がうかがえる。

加藤清正肖像画（本妙寺蔵）

天正16年（1588）ごろの肥後国

菊池川
加藤領
豊臣家蔵入地
熊本城
白川
緑川
宇土城
小西領
球磨川
相良領
豊臣家蔵入地

※森山恒夫「肥後国の豊臣蔵入地と加藤氏所領」『戦国大名論集7 九州大名の研究』
（吉川弘文館、1983年）を参考に、現在の地図に作図。小西領の蔵入地所在地は
不明である。

加藤清正とは

　加藤清正は尾張国（現愛知県）に生まれ、10代の
ころから豊臣秀吉に仕えた。秀吉と柴田勝家との間
でくり広げられた賤ヶ岳の戦いで「七本槍」の一人と
して戦功をあげた。勇猛果敢な武将としてのイメー
ジが強い清正だが、実際は秀吉直轄地の管理を任さ
れるなど、行政能力にも長けた人物であった。

加藤家の家紋

蛇の目紋

桔梗紋

折墨紋

　蛇の目紋は兜や鎧によく用いられた。桔梗紋・折墨
紋は、九州出兵の際に失脚した尾藤家の家紋が入った調
度品を秀吉から与えられて以降、使われるようになった。

肥後入国までの清正

永禄5年 1562	1歳	尾張国愛知郡中村（愛知県名古屋市）に生まれる
		10代のころから豊臣秀吉に仕える
天正8年 1580	19歳	秀吉から120石与えられる
天正11年 1583	22歳	賤ヶ岳の戦い 秀吉から3,000石与えられる
天正12年 1584	23歳	小牧・長久手の戦い
天正13年 1585	24歳	河内国（大阪府）に434石加増される
天正14年 1586	25歳	主計頭に任じられる 播磨国（兵庫県）に300石加増される 播磨国蔵入地の管理を任される
天正15年 1587	26歳	九州出兵 讃岐国（香川県）の蔵入地の管理を任される
天正16年 1588	27歳	肥後北半国19万5,000石の領主となる

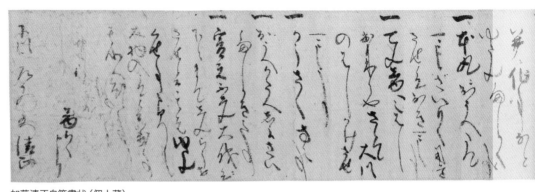

加藤清正自筆書状（個人蔵）

一、本丸ニおうへたて
　可申候、ざいもく用意
　させ候ておき可申候事
一、（天守）
　てんしゆへとはし（橋）
　出来候や、さ候ハ、大川
　のはしかけさせ
　可申候事
一、かうさく方之事
一、おうへかたへしよさい
　候ましき事
一、爰元ふしん大儀ニ候て、
　下々までしんらうを
　させ候間、其元ゆたん
　くせ事たるへく候、
　大物入ニて候間、万事
　其心へ尤候事、
　かしく

（天正十八年カ）
　四月廿四日　　（聚楽）しゆらく
　　　　　　　　より

下川□左衛門殿　　清正

清正の城づくり

Kiyomasa's
Building of Castles

肥後に入国した加藤清正は、
中世の隈本城を石垣づくりの城に整備し、
肥前名護屋城（佐賀県唐津市）や
朝鮮半島での城づくりで経験を重ねた。
それは新たな「熊本城」築城の
道のりでもあった。

天守を備えた清正の隈本城
天正19年4月24日付「加藤清正自筆書状」

　京都にいる清正が隈本の家臣に、隈本城の築城について具体的に指示したもの。隈本城には天守が建ち、本丸では御殿の建築も進められているのが読み取れる。城のすぐ脇を白川が流れており、川には橋が架けられていた。

隈本の城づくり

　天正16年（1588）に肥後国に入った清正は、天正18年（1590）ごろから中世の隈本城を石垣づくりの城に大改造していく。城には天守や櫓・御殿が建てられ、城と同時に城下の整備も進められた。のちに茶臼山全体を取り込んで現在の熊本城が築かれると、元の城は「古城」と呼ばれるようになった。

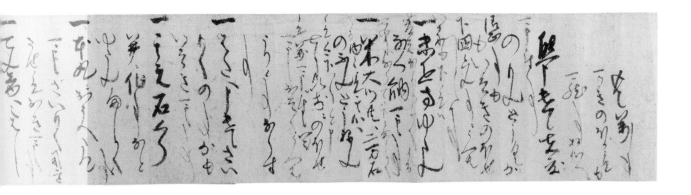

返々万事
一、かきのほかニても、
　可然事相心へ
　可申付事、
清正事も
下国侯ハん事ニ侯へ共、
いかにも下侯て八
爰元なりかたく侯間、
七八月ならて八下侯ましく
侯間、内々ニて其心へ
侯て、今下々と申
侯て万可申付侯、以上

態申遣侯、先度
のもんとう具、少
もいそきのほせ
侯へく侯事
一、未進方ゆたん
　なく納可申侯事
一、米大ツ共三二万石
　のふん、とうねん
　七月以前ニのほせ
　可申侯、おそく侯へは
　うり侯事ならす
　事
一、（波多）
　はたへ申遣侯さい
　もくの事、少も
　いそき可申侯事
一、其元石くら
　并ニ作事なと、
　ゆたん侯ましく侯事

「ん」の文字

「以上」の文字

清正のクセ字

　加藤清正が出した手紙などの文書は、現在およそ600点が知られているが、このうち清正の自筆とみられるものは40点に満たない。清正の自筆を見分けるコツがクセ字だ。「ん」の左下部分が円のようになり、「以上」の「上」の文字が「シ」のようにみえるのが、清正の代表的なクセ字である。

隈本城と城下

　隈本城の主要部は3段の地形からなり、中段の本丸には天守があり、西と南は水堀、東は白川、北は堀切で囲まれていた。城の西側は武家屋敷で、川や堀・土塁・塀で囲った惣構がつくられた。その南に置かれた町には上方（京・大坂）の商人が店を構えた。

※平成26年作成　熊本市全図1：10,000に作図
※城下町の地割は寛永7年（1630）ごろの「熊本屋鋪割下絵図」をもとにしている
※寺は隈本城期（天正18〜慶長4）に存在する可能性が高いもの
※赤文字は天正19〜文禄3年（1591〜1594）の清正書状から推定した施設

肥前名護屋城図屏風（部分）（佐賀県立名護屋城博物館蔵）

朝鮮出兵での城づくり

　天下統一を果たした豊臣秀吉は、以前から構想していた明（中国）への進出のため、朝鮮半島に出兵した。約7年間、2度にわたる出兵を「文禄・慶長の役」といい、清正も朝鮮に渡った。出兵の拠点として大名らが共同で築いた肥前名護屋城や倭城ではこれまでの技術が合わさり、その後の日本の城の土木・建築技術に大きな影響を与えた。

西生浦城の登り石垣

蔚山攻城図屏風（部分）（福岡市博物館蔵）

肥前名護屋城の築城

　天正19年（1591）10月、明（中国）進出の足がかりとして、豊臣秀吉の命令で名護屋城（佐賀県唐津市）の築城が始まった。加藤清正・小西行長・黒田長政を中心とした九州の大名らによって翌年の3月には完成したとされる。招集された160家の大名の陣が、城の周囲を取り囲んでいた。

倭城の築城

　秀吉の命令で朝鮮半島の南岸に築かれた約30か所の石垣づくりの日本式の城を、倭城という。朝鮮に渡った清正は、以前からの築城技術に加えて、これまであまり築城には使われなかった石割のような新しい技術を用い、さらに試行錯誤を重ねて城を築いた。築城は日本から大工や石工を呼び寄せ、他の大名と協力して行われたことから、その後に日本で広く城がつくられるきっかけとなった。

西生浦城の縄張り

　清正は文禄2年（1593）に西生浦に城を築いた。本丸には天守があり城内に館を設けた日本式の城で、麓の港湾近くまで延びた斜面につくられた縦石垣（登り石垣）が特徴である。

蔚山城の籠城

　慶長2年（1597）末、清正が縄張りし、浅野幸長ら複数の大名が協力して築いたとされる。築城中に明と朝鮮の連合軍が城を取り囲み籠城戦となったが、蔚山城の守備を担当する予定だった清正は、西生浦から駆けつけて籠城戦を耐えぬいた。

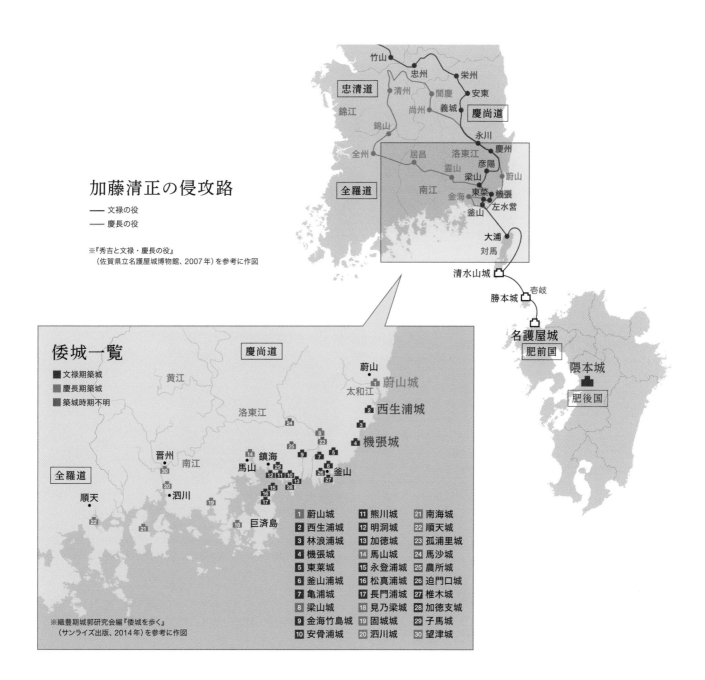

加藤清正の侵攻路

—— 文禄の役
—— 慶長の役

※『秀吉と文禄・慶長の役』
（佐賀県立名護屋城博物館、2007 年）を参考に作図

倭城一覧

■ 文禄期築城
■ 慶長期築城
■ 築城時期不明

※織豊期城郭研究会編『倭城を歩く』
（サンライズ出版、2014 年）を参考に作図

1 蔚山城	11 熊川城	21 南海城
2 西生浦城	12 明洞城	22 順天城
3 林浪浦城	13 加徳城	23 孤浦里城
4 機張城	14 馬山城	24 馬沙城
5 東莱城	15 永登浦城	25 農所城
6 釜山浦城	16 松真浦城	26 迫門口城
7 亀浦城	17 長門浦城	27 椎木城
8 梁山城	18 見乃梁城	28 加徳支城
9 金海竹島城	19 固城城	29 子馬城
10 安骨浦城	20 泗川城	30 望津城

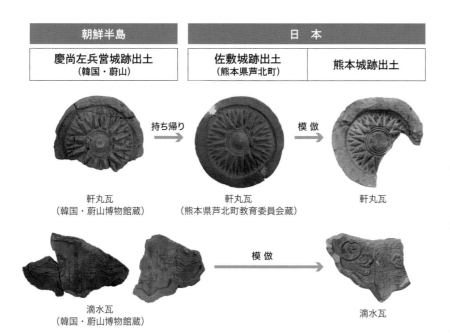

朝鮮半島	日 本	
慶尚左兵営城跡出土 （韓国・蔚山）	佐敷城跡出土 （熊本県芦北町）	熊本城跡出土

持ち帰り　→　模 倣　→

軒丸瓦
（韓国・蔚山博物館蔵）

軒丸瓦
（熊本県芦北町教育委員会蔵）

軒丸瓦

模 倣　→

滴水瓦
（韓国・蔚山博物館蔵）

滴水瓦

朝鮮から持ち帰った技術

　文禄・慶長の役に参戦した全国の大名は、朝鮮半島の寺院・宮殿などに葺かれた屋根瓦を船積みして日本に持ち帰った。なかには瓦職人を連れて帰ることもあったとされる。文禄・慶長の役は、その後の日本の瓦生産にも大きな影響を与えた。清正をはじめ大名たちは、城郭の屋根瓦として朝鮮的なデザインの瓦を多く使用した。

熊本城の誕生

The Birth of
Kumamoto Castle

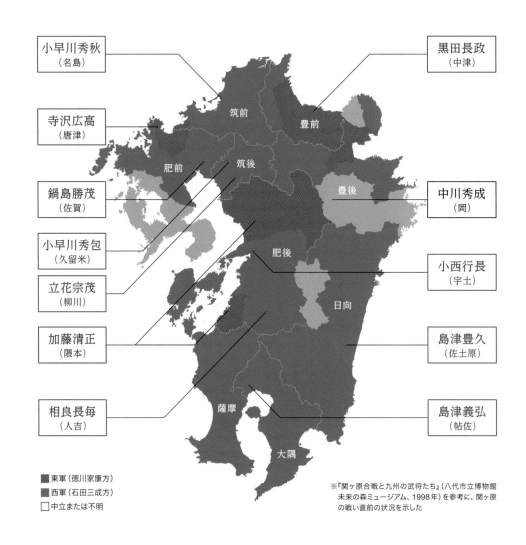

小早川秀秋
（名島）

寺沢広高
（唐津）

鍋島勝茂
（佐賀）

小早川秀包
（久留米）

立花宗茂
（柳川）

加藤清正
（隈本）

相良長毎
（人吉）

黒田長政
（中津）

中川秀成
（岡）

小西行長
（宇土）

島津豊久
（佐土原）

島津義弘
（帖佐）

筑前　豊前　肥前　筑後　豊後　肥後　日向　薩摩　大隅

■ 東軍（徳川家康方）
■ 西軍（石田三成方）
□ 中立または不明

※『関ヶ原合戦と九州の武将たち』（八代市立博物館
未来の森ミュージアム、1998年）を参考に、関ヶ原
の戦い直前の状況を示した

関ヶ原の戦い前の九州の勢力図

　慶長5年（1600）の関ヶ原の戦いのころ、九州でも諸大名が東軍
（徳川家康方）か西軍（石田三成方）か、それぞれを支持する立場を
とった。　清正は早い段階で徳川家康を支持したが、肥後南半国の
小西行長や筑後の立花宗茂など、周囲を西軍大名に囲まれていた。

　慶長3年（1598）、
豊臣秀吉の死去によって、
日本国内の情勢は不穏な動きをみせていた。
加藤清正は培ってきた技術を結集し、
茶臼山を本丸とする新たな城を築く。

新城「熊本城」の誕生である。

新城築城の
背景

　朝鮮から帰国した清正は、長い戦争で疲弊した領内の
立て直しを進めた。　しかし、日本国内では政治の主導
権をめぐって、次第に緊張感が高まっていた。　慶長4年
（1599）、清正は新たな城の築城に踏み切ると、急ピッチで
工事を進めた。　翌年の関ヶ原の戦いのころには、茶臼山
には完成間近の天守がそびえていた。

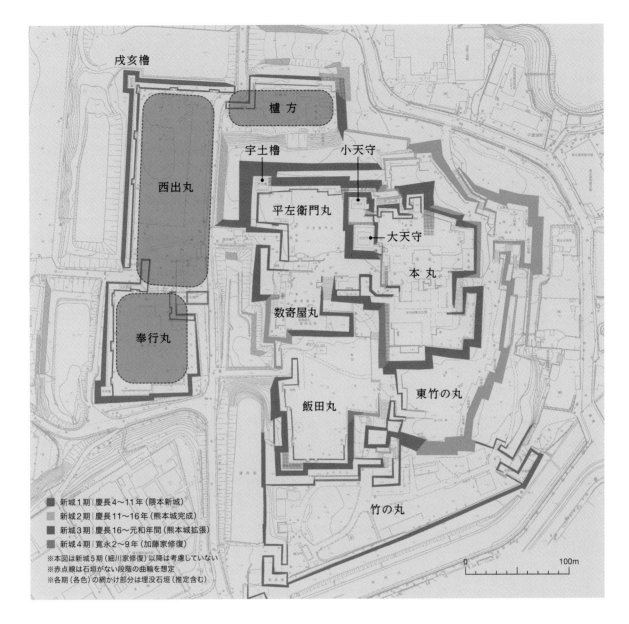

戌亥櫓

櫨方

宇土櫓　　　小天守

西出丸

平左衛門丸

大天守

本丸

数寄屋丸

奉行丸

東竹の丸

飯田丸

竹の丸

■ 新城1期｜慶長4〜11年（隈本新城）
■ 新城2期｜慶長11〜16年（熊本城完成）
■ 新城3期｜慶長16〜元和年間（熊本城拡張）
■ 新城4期｜寛永2〜9年（加藤家修復）
※本図は新城5期（細川家修復）以降は考慮していない
※赤点線は石垣がない段階の曲輪を想定
※各期（各色）の網かけ部分は埋没石垣（推定含む）

0　　　　　　　100m

**石垣からみた
各曲輪の形成時期**

　慶長4年（1599）、新城の築城が始まると、まず現在の大天守台や平左衛門丸・飯田丸などが石垣でつくられた。 さらに、西側の西出丸一帯が土づくりの曲輪（くるわ）として完成し、慶長7年（1602）には西出丸に大黒櫓（だいこくやぐら）が完成した。 さらに慶長11年（1606）には本丸東側の拡張工事などが進められた。 清正の死後も石垣の拡張が続けられ、息子・忠広（ただひろ）の時代に熊本城の現在の姿が完成した。

天然の要害
「茶臼山」

　清正が築城の地とした茶臼山（ちゃうすやま）は、約9万年前の阿蘇火山（あそかざん）の火砕流堆積物（かさいりゅうたいせきぶつ）でできている。 細長い台地の先端（せんたん）がやや広がった地形をしていて、坪井川（つぼいがわ）・井芹川（いせりがわ）・白川の侵食（しんしょく）によって高さ25〜45mの崖（がけ）が形成され、天然の要害となっていた。

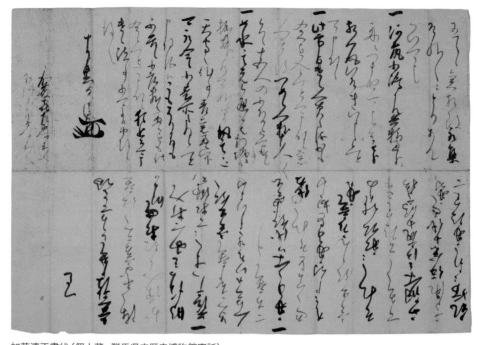

加藤清正書状（個人蔵、群馬県立歴史博物館寄託）

以上

急度申遣候、爰元之仕置
陣之処、今日可令帰
少隙入候故相延候、明日・
明後日者国可打入候

薩摩へすく二可相働候間、
先度申置候、宇土領へ
人足共いそきよひよせ
可召置候事

一、舟手之所、八代領より宇土
迄之間を、それ〳〵の代官
共ニ申付、舟子を出させ、
宇土領にて取置候舟共、
それ〳〵二船頭仕候もの
可有之候間、道具已下
不調所者、河尻・小嶋・高橋・
高瀬・伊倉・小代迄之舟付二、
乱妨二取候舟道具可
（折り返し）

有之候、急相改取集、
それ〳〵ことりあて
かい可申候

一、河尻・小嶋にて兵粮過分二
舟二つませ可申候間、其分
相心得、いそきいたし候へと
可申付候

一、此方より遣候人質之儀、少も
念を入候へと可申付候、急
人を改、つめ候人数十人
候ハ、十五人のふちかた可遣候事

（黒田）
一、如水其元被通候者、新城二而
振舞候て可然候間、得其意、
天守之作事差急、畳以下
可取合候、小台所たて候へと
申付儀ハ、こもはりにても
不苦候、小座敷之畳をも仕
合候へと可申付候、猶追而可申
遣候、諸事不可有由断候、
謹言

（慶長五年）
十月廿六日　清正（花押）
加藤喜左衛門尉殿
下川又左衛門殿

天守の完成

「新城」の天守、完成間近
慶長5年10月26日付「加藤清正書状」

　柳川城の立花宗茂を降伏させた後、柳川から熊本の重臣らに送った書状。島津義弘を攻めるため薩摩（鹿児島）へ向かう道中、黒田如水を熊本の「新城」でもてなすため天守の完成を急ぐように指示した。これが茶臼山に築かれた「新城」が初めて記録にみえるもので、慶長5年（1600）10月には畳を敷けるまでに大天守の建築が進んでいた。

　慶長4年（1599）、茶臼山頂上部でまず天守の石垣（現在の大天守台）が築かれ、それを土台に天守の建築が始まった。翌年10月にほぼ完成を迎えた天守の姿は大天守のみで、清正の死後に小天守が増築された。

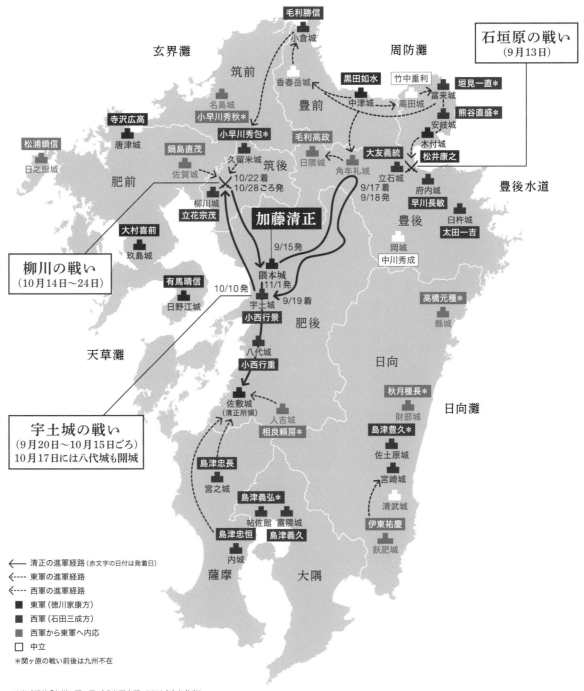

玄界灘

周防灘

石垣原の戦い
（9月13日）

毛利勝信
■小倉城

筑前

香春岳城

黒田如水
■中津城

竹中重利

垣見一直＊
熊谷直盛＊

富来城

安岐城

名島城
寺沢広高

小早川秀秋＊

豊前

高田城

木付城

松井康之

小早川秀包＊

毛利高政

大友義統

松浦鎮信

鍋島直茂

筑後

日隈城

角牟礼城

立石城
9/17着
9/18発

豊後水道

日之嶽城

唐津城

佐賀城

久留米城

10/22着
10/28ごろ発

府内城

早川長敏

肥前

加藤清正

柳川城
立花宗茂

9/15発

臼杵城
太田一吉

豊後

柳川の戦い
（10月14日～24日）

大村喜前

玖島城

10/10発

隈本城
11/1発

9/19着

岡城
中川秀成

有馬晴信

宇土城
小西行景

高橋元種＊

縣城

日野江城

宇土城の戦い
（9月20日～10月15日ごろ）
10月17日には八代城も開城

肥後

天草灘

八代城
小西行重

日向

秋月種長＊

財部城

佐敷城
（清正所領）

人吉城

日向灘

相良頼房＊

島津豊久

佐土原城

島津忠長

宮崎城

宮之城

清武城

島津義弘＊

伊東祐慶

帖佐館　富隈城

飫肥城

島津忠恒

島津義久

内城

薩摩

大隅

← 清正の進軍経路（赤文字の日付は発着日）
←--- 東軍の進軍経路
←--- 西軍の進軍経路
■ 東軍（徳川家康方）
■ 西軍（石田三成方）
■ 西軍から東軍へ内応
□ 中立
＊関ヶ原の戦い前後は九州不在

※光成準治『九州の関ヶ原』（戎光祥出版、2019年）を参考に
　関ヶ原の戦い前後の九州の状況を示した

加藤清正の軍事行動

　関ヶ原の戦いのころ、清正は東軍を率いる徳川家康の指示で、同じく東軍の黒田如水や松井康之らと協力し、九州の西軍大名領に攻め込んだ。10月半ばに宇土城、10月25日に柳川城を攻め落とし、その後黒田勢や鍋島勢とともに薩摩に向かい、水俣に在陣した。島津氏と家康との和平交渉が成立し、九州での戦闘は幕を閉じた。

清正の町づくり

Kiyomasa's
Town Planning

加藤清正は熊本城の築城が落ち着くと、
城の南を大きく蛇行していた
白川の直線化を実現した。
この一大土木事業による町づくりが、
現在の熊本市街地の原型となっている。

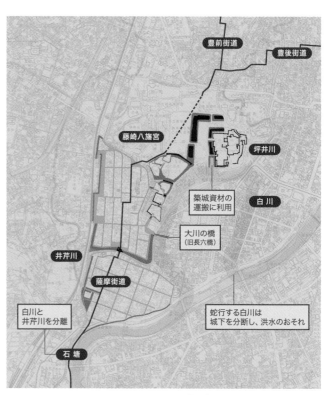

豊前街道
豊後街道
藤崎八旛宮
坪井川
白川
築城資材の
運搬に利用
大川の橋
(旧長六橋)
井芹川
薩摩街道
白川と
井芹川を分離
蛇行する白川は
城下を分断し、洪水のおそれ
石塘

※平成26年作成 熊本市全図1：10,000に作図

慶長10～12年（1605～1607）ごろ

一 新城の本丸完成！
白川は大きく蛇行、城下を分断

清正入国直後の隈本城（古城）の城下では、井芹川を西に付け替え、古町南端に石塘（堤防）を設けて白川と分離し薩摩街道としていた。慶長4年（1599）の新城築城後に町屋が拡大して新町ができ、さらに慶長12年（1607）ごろには本丸の完成に至ったが、そのすぐ南では白川の蛇行が城下を分断しており、洪水が起こる危険性もあった。

河川改修と城下の拡大

熊本城のすぐ南を大きく蛇行しながら流れていた白川は、城下の発展を妨げ、洪水のおそれもあった。清正は白川の流れをまっすぐに付け替える大土木工事を行い、新しい住宅地の造成を行うなど、城下の整備にも取り組んだ。町づくりは清正の死後、息子・忠広に引き継がれた。

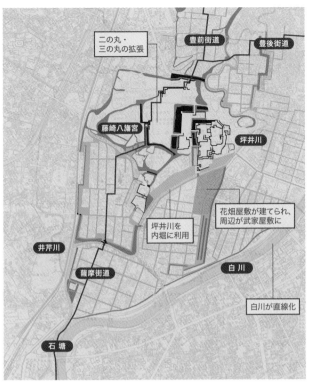

二の丸・
三の丸の拡張

豊前街道　豊後街道

藤崎八旛宮

坪井川

花畑屋敷が建てられ、
周辺が武家屋敷に

坪井川を
内堀に利用

井芹川

薩摩街道

白川

石塘

白川が直線化

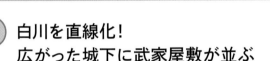

※平成26年作成 熊本市全図1：10,000に作図

慶長15〜17年（1610〜1612）ごろ

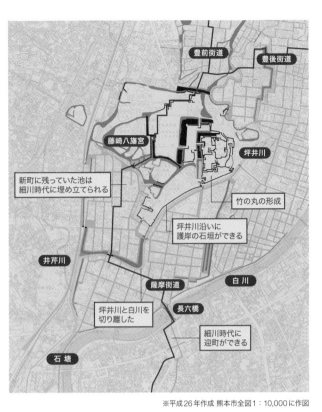

豊前街道　豊後街道

藤崎八旛宮

坪井川

新町に残っていた池は
細川時代に埋め立てられる

竹の丸の形成

坪井川沿いに
護岸の石垣ができる

井芹川

薩摩街道

白川

坪井川と白川を
切り離した

長六橋

細川時代に
迎町ができる

石塘

※平成26年作成 熊本市全図1：10,000に作図

元和〜寛永年間（1615〜1643）ごろ

二 白川を直線化！
広がった城下に武家屋敷が並ぶ

　蛇行していた白川は、慶長15年（1610）までに河川改修をして直線化し、外堀の役目を果たした。旧流路の大部分が埋め立てられて城下に取り込まれ、一部は坪井川となって内堀の役目を果たした。坪井川と白川との間には、清正の別邸である花畑屋敷のほか、家臣たちの屋敷が建ち並ぶ新興住宅地となり、城下が拡大した。

三 坪井川も整備！
現在の街につながる城下が完成

　清正の息子・忠広の時代には、竹の丸や桜馬場など坪井川沿いの護岸となる石垣がつくられた。坪井川は白川と切り離して新町と古町との境で水堀の役目を果たし、井芹川と合流させた。白川が蛇行していたころ、新町と山崎との間にあった長六橋は、直線化した白川に架け直されて薩摩街道に利用され、細川時代には対岸に迎町ができた。

慶長国絵図

　江戸幕府は慶長9年（1604）に国ごとの絵図を作成させる命令を出した。現在、この絵図は「慶長国絵図」と呼ばれている。熊本藩が提出した肥後国の絵図をみると、白川の流路が現在と異なり、熊本城のすぐ南まで大きく蛇行して流れていたことがわかる。

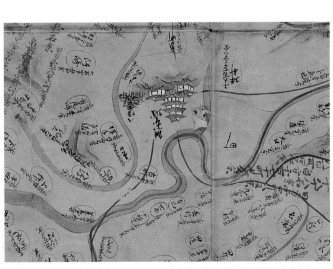

慶長国絵図（部分）（公益財団法人永青文庫蔵、熊本大学附属図書館寄託）

忠広時代の熊本城

Kumamoto Castle
during Tadahiro's Rule

加藤清正の死後、
跡を継いだ息子・忠広の時代には
小天守が増築され、
大天守・小天守からなる
熊本城の天守が完成した。
やがて寛永9年（1632）、
45年にわたる加藤家の治世は
終わりを迎え、
城は細川家に引き継がれる。

加藤忠広肖像画 矢野雪叟筆（本妙寺蔵）

加藤忠広とは

　慶長6年（1601）、清正の三男として生まれた。母は阿蘇郡玉目郷（現熊本県山都町）の在地領主・玉目丹波守の娘（正応院）。2人の兄（虎熊・忠正）が若くして亡くなったため、わずか12歳で清正の跡を継いで領主となった。

清正の死と
その後の加藤家

　慶長16年（1611）3月28日、徳川家康と豊臣秀頼の二条城会見に同席するという大役を終えた清正は、帰国後に熊本城本丸御殿大広間で病に倒れ、6月24日に50歳でこの世を去った。息子・忠広はわずか11歳。江戸幕府は水俣・宇土・矢部の3つの支城の破却や、藩の政治を重臣らの合議制とすることなどを命じ、翌年に忠広の相続を認めた。

忠広時代の城づくり

清正の時代に築かれた領内の7つの支城は、忠広の時代になると幕府の指示のもと、ほとんどが壊された。一方で、本城である熊本城の整備は続けられ、小天守の増築や石垣の拡張によって、現在の熊本城の姿が完成した。

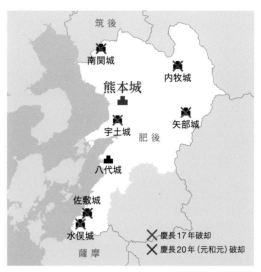

熊本藩の支城配置

支城の破却

慶長17年（1612）、江戸幕府は、水俣・宇土・矢部の3つの支城を壊し、家臣と妻子を熊本に移すように命じた。さらに慶長20年（1615）、幕府は諸大名に対し領内の支城を壊し、本城のみ残すよう命じた。いわゆる「一国一城令」で、熊本藩では例外的に熊本城と八代城の2城が認められ、残りの南関・内牧・佐敷城を壊した。熊本城の五階櫓のなかには、壊した支城の天守を移したという伝承をもつものもある。

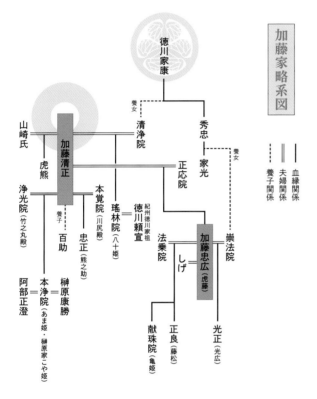

加藤家略系図

清正には生涯で5人の妻がいて、5人の子供に恵まれた。豊臣秀吉の死後、清正は徳川家康の養女を妻に迎え、徳川家との関係を強めた。清正と正応院の間に生まれた忠広も、徳川秀忠の養女を妻とした。2人の間に生まれた光正は家康のひ孫にあたる。

小天守の増築

清正の時代は、大天守だけの独立した天守だったことが、清正の亡くなった翌年に描かれた「肥後筑後城図」からわかる。その後、忠広の時代に北側に土台となる石垣が築き足された様子が「熊本屋鋪割下絵図」にみえる。小天守が増築されたことで、大天守・小天守からなる熊本城の天守が完成した。

清正時代 慶長17年（1612）
肥後筑後城図（山口県文書館蔵）

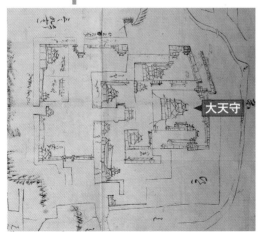

忠広時代 寛永7年（1630）前後
熊本屋鋪割下絵図（熊本県立図書館蔵）

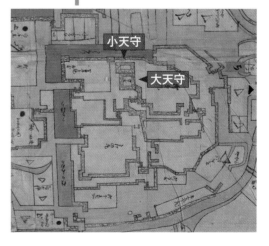

熊本屋鋪割下絵図（熊本県立図書館蔵）

忠広時代の城下

清正の息子・忠広の代である寛永7年(1630)前後に描かれた「熊本屋鋪割下絵図」は、熊本城と城下を詳細に描いた図としては最も古い。清正の死後も城と城下の整備は続けられ、現在の熊本城と城下の町並みの原型は、この時期にほぼ完成した。

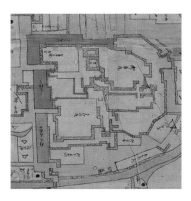

熊本城内

本丸 ほんまる

天守がある中心部に「御本丸」と書かれ、その西側には家老・加藤平左衛門の屋敷があった。現在の西出丸には米蔵や重臣の屋敷が並んでいた。

二の丸 にのまる

現在の二の丸広場一帯は、忠広時代は「三の丸」と呼んでいた。ここには家老クラスの上級家臣の屋敷があった。

古城 ふるしろ

清正が最初に石垣を築いた隈本城は、のちに「古城」と呼ばれた。石垣や水堀はそのままに、家臣の屋敷として使用された。

京町 きょうまち

道沿いに町屋が並ぶ 北の玄関口

東西が崖になった台地で、南の熊本城との間に新堀があり、北も長大な空堀で仕切られた武家屋敷地区。豊前街道沿いには町屋が並ぶ。北の空堀には「京町構え」と呼ばれたクランク状の城下への出入口があった。

新町 しんまち

「惣構」の内側にある町

はじめは武家屋敷地だったが、熊本城の築城と城下の拡大によって道沿いに町屋ができ、「新町」と呼ばれた。堀や土塁で囲った「惣構」の内側にあり、長方形の区画を南北方向に配置して、T字路やL字路で防御性を高めている。この当時、町の中には点々と「いけ」があった。

内坪井 うちつぼい

川と堀に囲まれた 北東の防衛の要

坪井川が京町台地の崖に沿って流れ、東には新たに筋違となる南北方向の水堀がつくられた。川と水堀の間を武家屋敷にして内坪井と呼び、城東の防衛とした。

手取 てとり

古町 ふるまち

寺と町屋で構成される 正方形の町割り

清正が入国して最初に町割りをして町人を住まわせた地区。60間（約120m）四方の正方形の区画を碁盤の目のように並べて、道沿いに町屋を、区画の中央にそれぞれ寺院を置いた「一町一寺制」の町並みが特徴である。

山崎 やまさき

河川改修後にできた 新興住宅地

白川の付け替え後に城下となり、慶長15年（1610）には清正の別邸である花畑屋敷が建てられた。周辺は中級・上級の武家屋敷地となる。坪井川近くの「古長六町」は、白川付け替え前に長六橋が架けられていた場所に由来する。

高田原 こうだばる

東に広がる 武士の住宅地

長方形の区画を基調とした中級・下級の武家屋敷地で、道路の交差点をT字路やL字路にしてみとおしがきかないようにすることで、熊本城の南東側の防衛を担っていた。

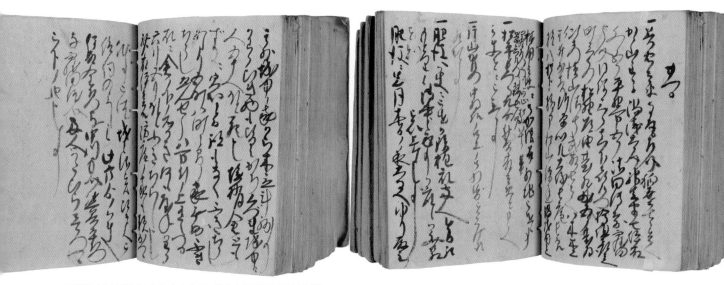

萬覚書（公益財団法人永青文庫蔵、熊本大学附属図書館寄託）

廿一日

（中略）

一、肥後へ御使ニ被遺御鉄炮衆両人今日罷
もとり候、御書之返事御座候、御文箱
を則二先月十七日ノ夜大なへゆり、殿主（ママ）
肥後二先月十七日ノ夜大なへゆり、殿主
を則（ママ）を以上ヶ申候事

（次頁）

其外城中ノ家から木立計残り、
かわら・ひき物も皆々おちくづれ、城中ニ
人五十人ほと死申候、煙硝倉とも
ずり二火出候間、跡もなくふきちらし、
あたり五町・八町之間ノ家無残ふき
ちらし、ゐんせう八万斤ノ上有之つる
故ニ、倉ノ下ノ石かき何も屋ねかわら
六り・五りほとふきちらし申候、
斉藤伊豆殿・防庵ノ家も損、少つ、
作事被仕候、城之儀者江戸へ被
仰伺のよし申候、此方ゟ御使
伊藤金左衛門与中川も介、熊谷平左衛門
与窪田作介両人、かたひら壱つ可
被下ノ由申候事

古文書が伝える 寛永2年の熊本大地震

寛永2年（1625）の熊本城の地震被害の
記録。地震を見舞（みま）うために小倉藩主細川
忠利（ただとし）の命令で熊本に送られた使者（こくらはんしゅほそかわ）が報告
したもの。天守や城内の屋敷が被害を受
け、瓦（かわら）や梁（はり）などが落下し、50人が亡くなっ
た。煙硝蔵（えんしょうぐら）（火薬庫）から火が出て爆発（ばくはつ）し、
周囲の家が吹（ふ）き飛ばされた。火薬を備蓄（びちく）
していた蔵の石垣（いしがき）や瓦は3〜4kmも吹き飛
んだという。

加藤時代の震災

寛永（かんえい）2年（1625）6月17日夜に熊本
地方で大地震（おおじしん）が発生した。地震の規模
はマグニチュード5.0〜6.0と推定され
ている。この地震は記録に残る限り、
熊本城が初めて経験した地震被害（ひがい）で
あった。

寛永2年（1625）6月17日
熊本地方で地震
M5.0〜6.0

元和5年（1619）7月9日
熊本八代地方で地震
M6.0

文禄5年（1596）閏7月9日
豊後地方で地震
M7.0

慶長〜寛永期の九州地方で起きた地震
※推定マグニチュードは地震調査研究推進本部HPによる

改易時の加藤家と幕府の動き

熊本城	
5月上旬	忠広、熊本を出立❶
5/20ごろ	籠城の様子 領内では一切宿を貸さず、 城下に入る者を厳しく制限
6/20〜21ごろ	忠広書状が到着 城の明け渡しが決定 城内や城下の屋敷を清掃
7/22	熊本城明け渡し

江　戸	
4月上旬	光正、謀書事件を起こす
5/22	忠広、品川に到着
5/23	忠広、池上本門寺へ入る
5/29	忠広・光正に 改易・配流が言い渡される
6/1	江戸城にて諸大名に 加藤家改易の申し渡し❷
6/2	熊本城受け取りのための 上使衆の派遣が決定
6/2	光正、飛騨高山へ出立❸
6/3	忠広、出羽庄内へ出立❹
6/3	熊本城明け渡しを命じる 家老宛の忠広書状を持って 加藤家家臣が熊本に出立❺
6/14〜20	上使衆が江戸を出立❻

出羽庄内

❹ 忠広 6/3出立

飛騨高山

❸ 光正 6/2出立

❷ 江戸

❻ 上使衆 6/14 → 7/22

❶ 忠広 5月上旬 → 5/22

熊本

❺ 忠広書状 6/3 → 6/20〜21ごろ

6/1 加藤家改易が申し渡される

7/22 熊本城明け渡し
上使衆、1万3,000人の軍勢で熊本城を受け取る

改易の原因

　加藤家の改易の理由は諸説あるが、きっかけは忠広の息子・光正が幕府転覆をうかがわせる謀書事件を起こしたことだった。しかし、取り調べの過程で忠広自身が幕府に断りなく江戸で生まれた子と妻（法乗院）を熊本に連れ帰ったことや、徳川家の縁者である妻（崇法院）を冷遇したことも問題となった。また、家臣団との不和や領内の疲弊などの領国経営の課題も生じていた。

加藤時代のおわり

　寛永9年（1632）5月29日、江戸幕府は加藤家に対し肥後国54万石の領地の没収と、出羽庄内（山形県）への配流を言い渡した。忠広は一度も熊本に戻ることなく庄内へ移り、熊本城は幕府から派遣された上使衆に明け渡された。

忠広、最後の指示

　忠広が熊本を出発した後、改易を見越した家臣らは一時、籠城する気配をみせた。領内では宿を貸さず、城下に入る者を厳しく制限した。しかし、6月半ばに藩主・忠広から城を明け渡すことを指示する書状が届くと、城内や城下の屋敷を清掃して明け渡しに備えた。

熊本城の伝説

Legends from Kumamoto Castle

ホセ・フランキー作画

熊本城には、築城にまつわるたくさんの伝説が残されている。
ここでは特に、加藤時代の七つの不思議を紹介しよう。

その一　食べられる城？

加藤清正は築城にあたり、非常食として建物の壁にカンピョウを塗りこみ、畳床に芋茎を使って籠城に備えたという。それを証拠づけるものはみつかっていないが、「畳の下地は念を入れるべし」と書いた清正の手紙が残っている。食べられたかは定かではないが、畳にはこだわっていたらしい!?

その二　石で描いた地図？

数寄屋丸の出入口には、丁寧に加工した切石が隙間なく組まれた美しい空間がある。これは「地図石」と呼ばれ、日本三百藩の領地、はたまた熊本城の縄張りを表現したものなどといわれているが、実際は数寄屋丸で開かれる茶会に招かれた客の目を楽しませるデザインと考えられる。

その三　怪力・横手の五郎？

横手五郎は天正17年（1589）の天草一揆で加藤清正に討たれた木山弾正の子。怪力を生かして熊本城の築城に加わり、清正に近づいて父の仇を討つ機会を伺っていたが、素性を見破られ、井戸を掘っている最中に生き埋めにされたという。城内には五郎が首にかけて運んだという「首掛け石」も残されているが、実は本丸御殿にあった手水鉢の台石である。

熊本城の人柱？

　横手五郎が生き埋めとなったのは、人柱だという説もある。生きた人を埋めていけにえにする人柱伝説は多くの城に伝わるが、熊本城では人をかたどった「ヒトガタ」がいくつか見つかっている。　平櫓の礎石下からは木製のヒトガタが、宮内橋際の石垣の石材側面からは彫られたヒトガタが発見されるなど、築城工事の安全を願って、いろいろなお祈りがされていたらしい。

秘密の抜け穴？

　城には抜け穴がつきもの!?熊本城にも、本丸御殿の「昭君之間」の後ろ、「団扇之間」床下から闇り通路に下りて小天守北東の石門を通って不開門へと抜け出すルートがあったという。　石門は石垣下部にある長さ10mほどのトンネルで、非常時の脱出ルートとしての信ぴょう性は十分だ。

殺された山伏？

　熊本城を築き始める時、加藤清正は龍蔵院という上方でも名高い山伏を呼び寄せて地鎮祭を行った。　地鎮祭後の山伏を見送る酒盛りで酔った山伏は、熊本城がどのようにつくられるかを推測して自慢げに語り、城の秘密が明かされると心配した清正の家来たちに殺されてしまった。　その場所は今でも「山伏塚」と呼ばれている。

異変を告げるイチョウ？

　天守前のイチョウは加藤清正が築城記念に手植えしたもので、天守と同じ高さまで育つと城に異変が起こると予言されていた。　実際は同じ高さまでとはいかなかったが、イチョウが大きく育った明治10年(1877)、西南戦争開戦直前の火災で天守もろとも焼失。　現在のイチョウは焼け跡に芽吹いたもので、高さ20mを超え、毎年鮮やかに色づいている。

天守のつくり

Tenshu
— the Japanese Keep

天守とは、城の中心にある
最も高い建物を指し、
近世城郭だけにみられる特徴である。
平屋づくりの建物が主流だった時代に
突如として生まれた天守は、
複雑な構造をもつ高層建築であった。

天守のかたち

天守には望楼型と層塔型があり、熊本城は望楼型天守という古い形式である。清正時代に建てられた大天守と、息子の忠広時代に建てられた小天守が続櫓でつながった形をしていて、大天守は地上6階地下1階、小天守は地上4階地下1階の規模があった。

熊本城天守軸組模型

縮　尺｜1/10
製　作｜昭和34年(1959)、石垣部分は令和3年(2021)
大きさ｜東西3.2m、南北5.4m、高さ3.0m(石垣を除く)
監　修｜藤岡通夫

　昭和35年(1960)の天守再建にあたり、復元設計を行った藤岡通夫(東京工業大学教授)の監修で、東京で製作された模型。外壁や屋根の一部は取り外されており、内部の部屋の間取りや建具、床、付書院などもみることができる。この模型で細かな意匠を確かめ、鉄骨鉄筋コンクリート造の図面に反映させることで、忠実な外観復元が実現した。

望楼型

　入母屋造の建物に望楼を載せたもの。 古い時期の天守から用いられ、天守台上面が正確な四角形でなくても天守を建てることができる。

〈最上階〉
入母屋造の望楼

〈下階〉
入母屋造

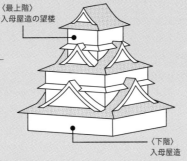

熊本城天守閣

層塔型

　1階から最上階まで、同じ平面を少しずつ小さくしながら順に重ねたもので、正方形に近い天守台が築けるようになった慶長年間中ごろ以降に成立したとされる。

〈最上階〉
入母屋造

〈下階〉
上階に向かって均等に床面積が縮小する

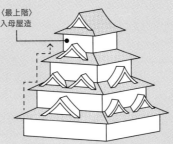

名古屋城天守閣(朝日新聞社提供)

鯱瓦

大天守

御上段

貝之御間

御弁当之御間

御矢之御間

続櫓

御具足之御間

附櫓

御鉄炮之御間

御天守廊下

地階（穴蔵）

空中雪隠

石階段

熊本城天守解剖図絵
青山邦彦作画

天守内部には畳が敷かれ、小天守1階・4階や大天守6階のふすまや壁は、
狩野派や京都の絵師による障壁画で飾られていた。
小天守の地階は台所で、井戸やかまどを設けて籠城にも備えていた。

小天守

小御天守御上段

御納戸

兜佩之御間

松之御間

付書院

御水屋
（台所）

礎石

かまど

井戸

栗石

築石

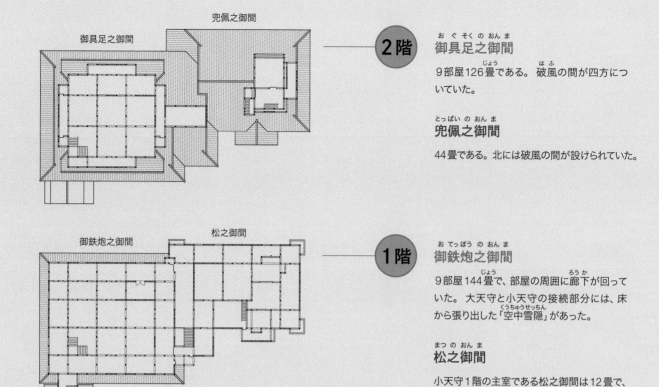

2階

御具足之御間

9部屋126畳である。破風の間が四方についていた。

兜佩之御間

44畳である。北には破風の間が設けられていた。

1階

御鉄炮之御間

9部屋144畳で、部屋の周囲に廊下が回っていた。大天守と小天守の接続部分には、床から張り出した「空中雪隠」があった。

松之御間

小天守1階の主室である松之御間は12畳で、西に床が設けられ、京絵師によって「老松」が描かれた。北には付書院があった。

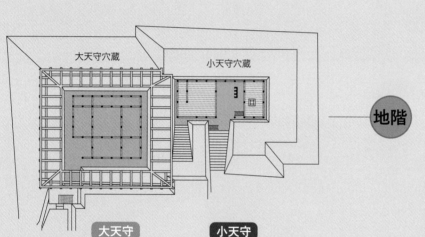

地階

大天守穴蔵

石垣内部の空間で、「囲」の字のように礎石が並び、その上に土台を置いて柱を立てていた。

小天守穴蔵

御水屋（台所）で、中央の土間にはかまどが置かれ、北の板敷部分には井戸が設けられていた。

天守の平面

　異なる時期に建てられた大天守と小天守は、1階部分のみでつながっている。一部の部屋は床や付書院などの座敷飾りを備えていた。各部屋には武具にまつわる名前がついており、細川時代には歴代藩主の武具が納められていた。

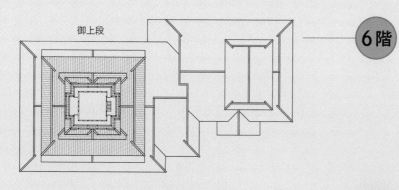

御上段

6階 **御上段** (おじょうだん)

18畳の部屋を中心として東西に廊下、南北に破風の間があり、その外側に板敷の縁が回っていた。内部は「若松」・「秋野花」の障壁画で飾られていた。

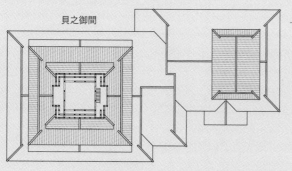

貝之御間

5階 **貝之御間** (かいのおんま)

中央にある貝之御間は18畳で、四方に廊下が回っていた。

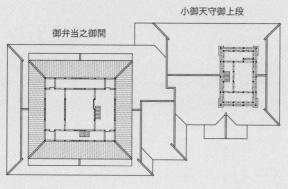

小御天守御上段

御弁当之御間

4階 **御弁当之御間** (おべんとうのおんま)

24畳である。四方に破風の間がついていて、四隅に押入があった。

小御天守御上段 (しょうおてんしゅおじょうだん)

北側に設けられた12畳の部屋で、部屋の西側に床があり、狩野外記によって「並木之松」が描かれた。

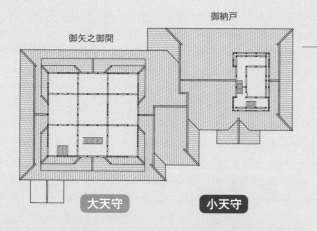

御納戸

御矢之御間

3階 **御矢之御間** (おんやのおんま)

9部屋116畳である。中央南側の部屋に、4階に向かう階段が設けられていた。

御納戸 (おなんど)

34畳である。部屋の南側には、4階に向かう階段が設けられていた。

大天守　　　小天守

礎石

昭和35年（1960）の天守再建工事では、穴蔵内で礎石が列状に並んだ状態で発見された。これらは加藤時代の築城以来、明治10年（1877）の焼失まで木造天守を支えていた礎石である。礎石配列は絵図の柱位置と合致し、本来は礎石の上に土台を、その上に柱を立てていた。

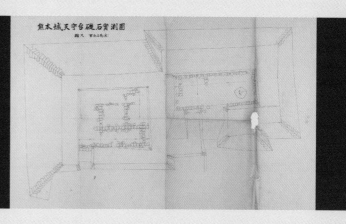

天守のデザイン

Design of
the Keeps

反りのある大きな三角形が際立つ屋根の形、
戦いに備えた防御の工夫など、
さまざまに用いられた意匠は、
熊本城の天守ならではの
重厚な機能美を生み出している。

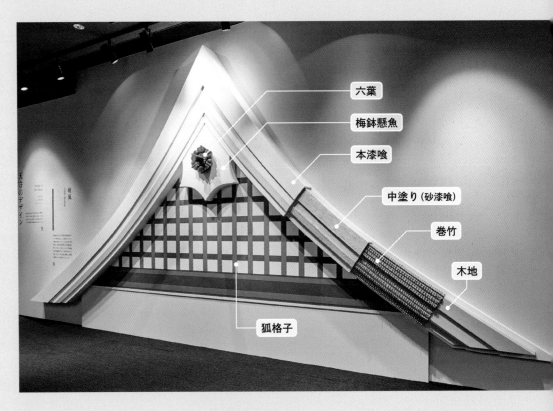

天守破風原寸模型

縮　尺｜1/1
製　作｜令和3年（2021）
大きさ｜幅6.6m、高さ3.0m

　大天守最上階入母屋破風の破風板の原寸模型で、右側は破風の工程を示した。破風の芯となる木に漆喰の接着をよくするために竹に藁を巻いたものを付け（巻竹）、その上に漆喰を塗り重ねて仕上げている。破風の中央には梅鉢懸魚があり、懸魚の中心には六葉がある。懸魚は破風と同様に仕上げられ、六葉は木に黒色の塗装を施している。

破風

　熊本城の天守は入母屋の屋根を重ねており、外観全体としては屋根のデザインに重点が置かれている。城内の他の櫓と異なり、屋根の端を飾る入母屋破風を柔らかく反らせ、同様に大きな千鳥破風を2面に配置することで、四方とも同じような形にみせている。破風の細部には懸魚や狐格子などの意匠をこらしている。

熊本城大天守の破風と懸魚

梅鉢懸魚
唐破風
入母屋破風
蕪懸魚
千鳥破風
三花蕪懸魚

入母屋破風　　入母屋造の屋根の端にある三角形の部分

千鳥破風　　　屋根の斜面に装飾として載せたもの

唐破風　　　　曲線でつくられた装飾性の高いもの

懸魚

破風板の下に付けた装飾で、火災を避ける意味で魚をかたどったことから名が付いている。天守の入母屋破風・千鳥破風には梅鉢懸魚・蕪懸魚・三花蕪懸魚がある。これらの懸魚の中央には、6枚の葉をかたどった六葉が釘隠しとして用いられる。また、唐破風には横に平たく広がった兎毛通が使われている。

兎毛通

唐破風につけられる横に広がった飾り

梅鉢懸魚

最上階の小さな入母屋破風につけられた飾り

蕪懸魚

大きめの破風につけられた飾りで、野菜の
カブに似ていることから名前がついた

三花蕪懸魚

蕪懸魚を三つ合わせた華やかな飾り

内部のデザイン

天守内部のデザインには、畳やふすま・引き戸のような建具のほかに、壁を豪華に飾る障壁画や床・付書院・違い棚などの座敷飾りも用いられた。特に大天守最上階の「御上段」は、天守のなかでも最も格式が高い部屋で、さまざまなデザインが取り入れられている。

御上段模型

縮　尺｜1/3
製　作｜平成5年（1993）、屋根部分は令和3年（2021）に追加製作
大きさ｜東西3.9m、南北4.3m、高さ3.8m
監　修｜北野隆（1993）、伊東龍一（2021）

大天守最上階（6階）「御上段」の模型。内部は、江戸時代の平面図や古文書をもとに復元された。南には「若松」、北には「秋野花」を描いている。部屋の北には5階へ下りる階段があり、外側には板敷の縁を回している。この模型では、平面図の解釈によって、中央の畳敷の部屋が一段高く表現されている。

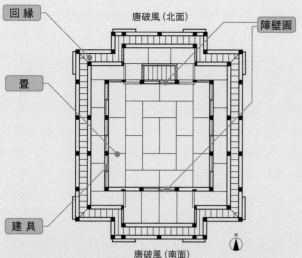

大天守最上階（6階）平面図

回縁（北面）の図中ラベル：
- 回縁
- 唐破風（北面）
- 障壁画
- 畳
- 建具
- 唐破風（南面）
- N

御上段模型内部に描かれた「若松」

御天守密書
（公益財団法人永青文庫蔵、熊本大学附属図書館寄託）

回縁　まわりえん

　天守最上階の部屋に回した板敷の部分のこと。 部屋の外部に巡らせる宇土櫓に対し、天守では部屋の内部に取り込み、雨戸と戸袋を設けていた。

畳　たたみ

　中央の部屋は18畳の畳敷である。 19世紀に藩主が登城した際にこの部屋で儀礼が行われた記録が残り、畳の敷き方も記されている。 他の城郭では、吉事・凶事など儀礼の内容によって、畳の敷き方を変える事例もあった。

建具　たてぐ

　部屋の東と西には、上部が明かりを採り入れる障子となった「腰障子」が使われた。

障壁画　しょうへきが

　18世紀後半に書かれた「御天守密書」という記録には、天守と本丸御殿の部屋の畳数と障壁画の画題・絵師の名前が記されている。 大天守最上階の「御上段」の南北の壁と建具に描かれた障壁画は「若松」と「秋野花」で、加藤清正が招いたとされる狩野言信（源四郎）によって描かれ、細川時代に御用絵師・矢野雪叟によって描き足された。

狩野派とは

　室町時代の狩野正信に始まる絵師の系譜で、金箔に濃厚な岩絵の具を用いて大胆に描いた障壁画は織田信長や豊臣秀吉らにも好まれた。清正は熊本城の築城にあたり、狩野言信や11人の絵師を京より呼び寄せたとされる。 言信は狩野派の有力絵師の1人で、言信筆と伝わる「団扇図」は、本丸御殿団扇之間の障壁画の可能性が高いといわれている。

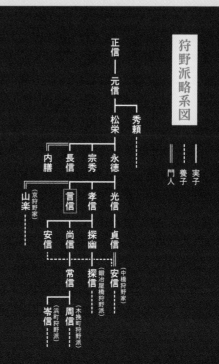

狩野派略系図

正信
　│
元信
　├──────┐
松栄　　　秀頼
　├──┬──┬──┐
内膳 長信 宗秀 永徳
　　　　　│　　│
　　　　 孝信　光信
山楽 言信（京狩野家）
　├──┬──┬──┐
安信 尚信 探幽 貞信
　　　　　　　　安信（中橋狩野家）
　　　　　　　　（鍛冶橋狩野派）
常信 探信
（木挽町狩野派）
岑信 周信
（浜町狩野派）

門人　養子　実子

団扇図（熊本県立美術館蔵）

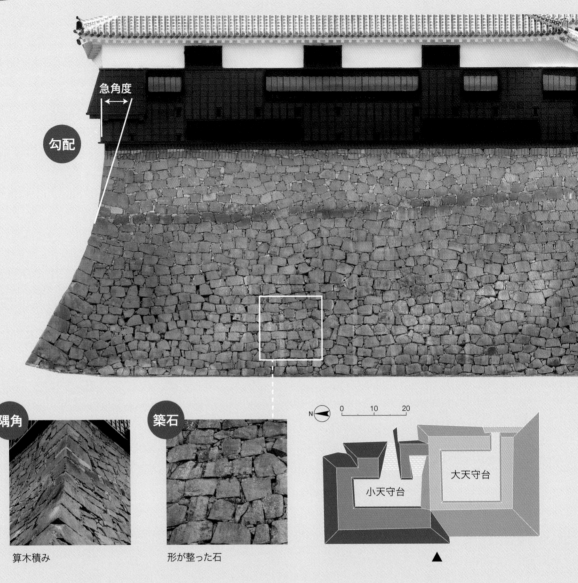

小天守

加藤忠広の時代となった慶長17年（1612）以降に築き足された小天守の
石垣は、角石に長方体の石材の長短を交互に積み上げた「算木積み」である。
築石は四角に加工した石を使用するため、横に目地が通る。 勾配は根元か
ら急角度で少しずつ反り返るのが特徴である。

急角度

勾配

隅角

算木積み

築石

形が整った石

N　0　10　20

小天守台

大天守台

石垣

「清正流石垣」として名高い熊本城の石垣は、反りが
見事なことから「武者返し」として広く親しまれている。
なかでも天守の石垣は、慶長4年（1599）ごろに築かれ
た大天守と、十数年後に築かれた小天守で異なる特徴
を持ち、勾配や石材の加工、積み方に技術の進化を
みることができる。

慶長4年(1599)に築かれ始めたと考えられる大天守の石垣は、角石は立方体で重箱のように重ねている。築石は形の整わない石を使うため、目地が乱れて通らない。勾配は根元がゆるやかで、石垣の中ほどから大きく反り上がる独特の形である。

大天守

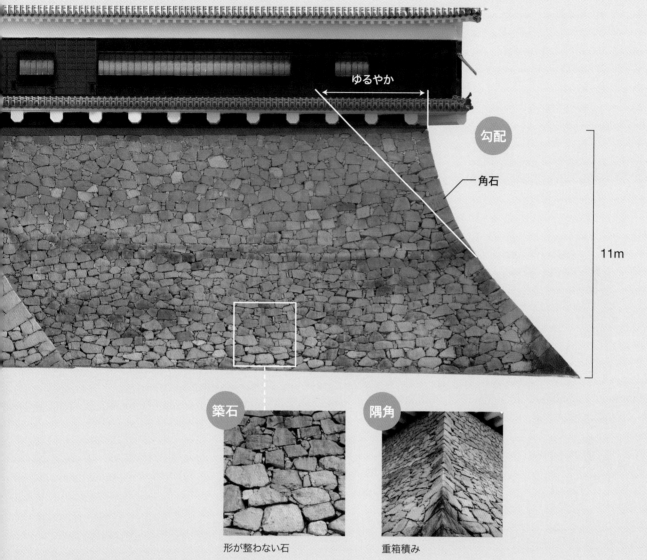

ゆるやか

勾配

角石

11m

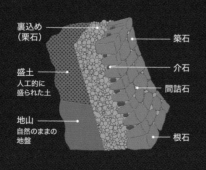

築石

形が整わない石

隅角

重箱積み

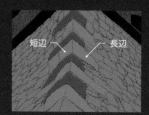

石垣の基礎知識

石垣の構造

一般的な石垣は、表面の築石（平石）、その内側の裏込め（栗石）、奥の基盤（盛土・地山）の3層構造からなっている。城門や穴蔵のある天守・櫓では築石と裏込めだけの事例も多い。築石の石材の加工法・大きさ・積み方・勾配・反りの有無によって、さまざまな特徴の石垣がつくられる。

裏込め
（栗石）

盛土
人工的に
盛られた土

地山
自然のままの
地盤

築石

介石

間詰石

根石

石垣の隅角部

隅角部の代表的な積み方には、重箱積みや算木積みがある。重箱積みは、立方体の石材を積み上げる方法である。算木積みは、長方体の石材を長辺と短辺が交互になるように積み上げる方法で、隅角部にかかる石垣の重量を分散して安定化させるため、石垣工事では主流となっていく。

短辺

長辺

防御装置

　城の中心にそびえる天守は、戦いになった場合に最後に立て籠もる建物で、壁や窓・忍び返し・狭間・石落しなどのさまざまな工夫がされている。こうした実戦に備えた防衛の仕掛けも、天守の外観を形づくっている。

一 壁

　熊本城の天守や櫓の壁は、防火や防弾のため厚い土壁となっている。土壁の外側は、軒裏を漆喰で塗り籠め、その下側は柿渋や炭を混ぜた塗料で仕上げた板を横方向に貼り重ねた「下見板張」という仕上げである。土壁の表面をすべて漆喰で仕上げる「塗籠」は白く美しいが、耐久性では下見板張の方がはるかに優れている。

① 竹小舞
② 荒壁
③ 斑直し
④ 中塗り
⑤ 漆喰

二 窓

　熊本城の天守や櫓には、明かり採りと銃や弓による攻撃のための窓が各階に設けてあった。窓には格子が組まれており、その外側には棒を使って開閉を行う「突上戸」があった。

三 忍び返し

　石垣をよじ登ってくる敵を防ぐために、先端がとがった鉄串を打ち付けたもの。小天守の石垣直上の土台近くには、鉄串を等間隔で下向きに設置している。

四 狭間

　弓や銃による攻撃を安全な建物内から行うために、外壁に設けた小窓。熊本城天守の場合、その形状は長方形で、大きさは縦30cm、横20cmほどである。

五 石落し

　狭間の死角となる建物直下の敵を攻撃するために、1階隅に設けた外側に飛び出した装置。実際には石だけではなく、弓や銃を用いて攻撃していた。大天守では1階部分が石垣の外側へ張り出す構造のため、一般的な石落しはみられない。

藤原徹司 作画

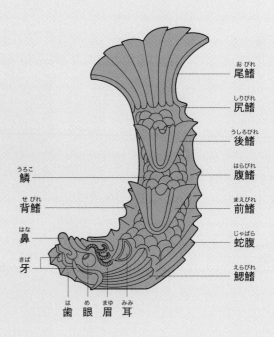

	ラベル
	尾鰭（おびれ）
	尻鰭（しりびれ）
	後鰭（うしろびれ）
鱗（うろこ）	腹鰭（はらびれ）
背鰭（せびれ）	前鰭（まえびれ）
鼻（はな）	蛇腹（じゃばら）
牙（きば）	鰓鰭（えらびれ）
	歯（は） 眼（め） 眉（まゆ） 耳（みみ）

平成の鯱瓦

平成28年（2016）熊本地震の被災後に大小天守の屋根に復活した「平成の鯱瓦」は、宝暦の鯱瓦をモデルに復元製作したものである。

鯱瓦のデザイン

鯱の顔には、吊り上がった眉、眉間のしわ、大きく丸い眼、横に広がった鼻、とがった牙、三日月形の耳などがみられ、迫力のある表情である。 体全体はゆるやかに反り返った形をしており、鱗は弧線（こせん）で表現し、本体と一体で背鰭や尾鰭も付いている。 前鰭と後鰭は別に製作したものを4か所の穴に差し込むつくりである。

宝暦の鯱瓦

熊本城には、細川時代の宝暦13年（1763）に製作された大型の鯱瓦が複数残されている。 そのなかでも写真の鯱瓦は尾鰭（おびれ）に「宝暦十三未ノ七月」「小山瓦師勘次郎（おやまかわらしかんじろう）」の銘（めい）があることから、宝暦13年に小山（現熊本市東区小山）で製作したものとわかる。

鯱瓦

「鯱（しゃち）」とは想像上の生き物で、頭は龍（りゅう）あるいは虎（とら）、体は魚の形をしており、口から水を吐くため火除けとして屋根に置かれる。 古代寺院の大棟（おおむね）に用いた「鴟尾（しび）」が変化したものとも考えられ、やがて安土城をはじめ、全国の天守を飾（かざ）るようになった。 熊本城天守のように瓦製（かわらせい）のもののほか銅製の鯱もある。

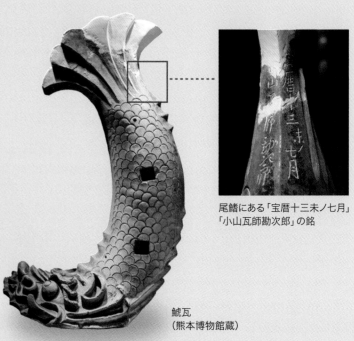

尾鰭にある「宝暦十三未ノ七月」「小山瓦師勘次郎」の銘

鯱瓦
（熊本博物館蔵）

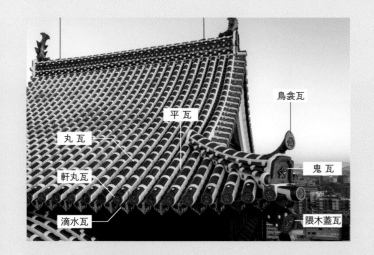

天守の屋根瓦

　屋根に葺かれる瓦のうち大半を占めるのは丸瓦・平瓦である。軒先を交互に飾るのは軒丸瓦・軒平瓦で、軒平瓦のうち特に逆三角形になったものを滴水瓦という。このほかに隅棟の端を飾る鬼瓦・鳥衾瓦、大棟の端を飾る鯱瓦、さらに隅木の先を箱型に覆う隅木蓋瓦などがある。昭和35年（1960）に再建された天守屋根には、加藤家の家紋である桔梗紋の軒丸瓦と、中央に「慶長四年八月吉日」の銘が入った「滴水瓦」の組み合わせで復元製作された瓦が葺かれている。

三巴文軒丸瓦

蓮華文軒丸瓦

桔梗紋軒丸瓦

上三葉文軒平瓦

「慶長四年八月吉日」銘滴水瓦

桔梗紋軒平瓦

九曜紋軒丸瓦

九曜紋軒平瓦

九曜紋鳥衾瓦

瓦

　熊本城天守の屋根は、古写真や出土品から伝統的な「本瓦葺き」であったことがわかる。屋根の大半を丸瓦と平瓦で覆い、軒部分は軒丸瓦と軒平瓦が交互に並んでいた。熊本城出土の軒瓦には、加藤家の桔梗紋、細川家の九曜紋などの家紋や、三巴文・桐紋・蓮華文などの文様がみられる。

九曜紋鬼瓦

数寄屋丸からみた大小天守 冨重利平撮影（冨重写真所蔵）

古写真にみる
天守のすがた

　熊本城の天守は、明治10年（1877）の西南戦争の時に焼失したが、それ以前に城内や城下各地で撮影（さつえい）された写真には、往時の天守のすがたや意匠（いしょう）の数々をみることができる。

棒庵坂下からみた本丸北面 内田九一撮影（東京都写真美術館蔵）

南坂下からみた飯田丸
（長崎大学附属図書館蔵）

二の丸北東から北大手門越しに
みた大小天守と宇土櫓
（長崎大学附属図書館蔵）

二の丸からみた本丸
（長崎大学附属図書館蔵）

■肥前名護屋城
（佐賀県唐津市）

■西生浦城
（大韓民国蔚山広域市）

■蔚山城
（大韓民国蔚山広域市）

■隈本城
（熊本県熊本市）

■南関城
（熊本県玉名郡南関町）

■熊本城
（熊本県熊本市）

■宇土城
（熊本県宇土市）

■八代城
（熊本県八代市）

■麦島城
（熊本県八代市）

（八代市教育委員会提供）

■佐敷城
（熊本県葦北郡芦北町）

■水俣城
（熊本県水俣市）

■矢部城
（熊本県上益城郡山都町）

■内牧城
（熊本県阿蘇市）

（山都町教育委員会提供）

54

■二条城
（京都府京都市）

■駿府城
（静岡県静岡市）

■江戸城
（東京都千代田区）

■名古屋城
（愛知県名古屋市）

（名古屋城総合事務所提供）

■大坂城
（大阪府大阪市）

■伏見城
（京都府京都市）

（京都市文化財保護課提供）
※この写真は宮内庁の許可を得て特別に撮影したものです

■本城　■支城　■倭城　■天下普請

加藤家築城年譜

天正18年 1590	■ 隈本城築城の開始
天正19年 1591	■ 黒田長政・小西行長らと 共に肥前名護屋城の築城
文禄2年 1593	■ 朝鮮半島の西生浦に 城郭を築城
慶長2・3年 1597・1598	■ 宍戸元続・浅野幸長らと 共に蔚山に城郭を築城
慶長4年 1599	■ 熊本城の築城開始・内牧城 ■ などの支城工事に着手
慶長7年 1602	■ 二条城の石垣工事、 伏見城工事
慶長8年 1603	■ 江戸城下の工事、加藤家 江戸屋敷の工事に着手
慶長9年 1604	■ 伏見城の修築工事、 江戸城修築用石材の運搬
慶長11年 1606	■ 江戸城の日比谷の石垣工事
慶長12年 1607	■ 佐敷城・水俣城の主要建物 の建造
慶長13年 1608	■ 宇土城主要建物の建造
慶長12・13年 1607・1608	■ 駿府城石垣工事
慶長15年 1610	■ 名古屋城天守台石垣の工事
元和元年 1615	■ 幕府、江戸城普請の 残工事を忠広に命じる
元和5年 1619	■ 地震で被災した麦島の 八代城を松江に移転する
元和6～8年 1620～1622	■ 徳川大坂城の大手口～ 千貫櫓石垣の工事
元和8年 1622	■ 江戸城の（秀忠の）天守台 の工事
寛永元・2年 1624・1625	■ 徳川大坂城の天守台の工事
寛永6年 1629	■ 江戸城桜田口の石垣工事

加藤家の城づくり

　加藤清正は熊本城のほかに肥前名護屋城や朝鮮半島の倭城、肥後国内の支城など数々の城づくりを経験した。江戸時代前期の儒学者・荻生徂徠が「石垣は加藤清正の一流あり」といったように、加藤家の技術は高く評価され、天下普請では最も重要な天守台を何度も任された。こうした技術力の背景の一つには、三宅覚左衛門に代表されるような技術者を家臣として抱えていたことにあった。

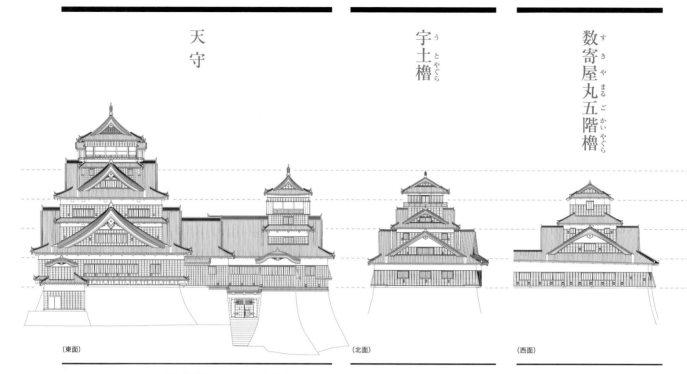

（東面）

（北面）

（西面）

大天守は反りのある入母屋破風（いりもややはふ）と同規模の千鳥破風（ちどりはふ）を配置することで、4面とも同じように見せている。最上階には北と南に唐破風（からはふ）を付け、回縁（まわりえん）をめぐらせている。

現存する唯一（ゆいいつ）の五階櫓で、国指定の重要文化財。直線的な破風を4面に均等に配置し、最上階の部屋の外に回縁と高欄（こうらん）をめぐらせている。

数寄屋丸南西隅（すみ）に位置した五階櫓で、最上階が西に向かって凸形（とつがた）に飛び出た形をしているため、東と西で大きさの違（ちが）う入母屋破風となっている。

◆天守と各櫓の図版出典は以下の通り
　天守：株式会社大林組提供の図面を島　充が補正
　宇土櫓：『重要文化財宇土櫓修理工事報告書』（熊本市、1990年）収録の図面を島　充が補正
　数寄屋丸五階櫓・西竹の丸五階櫓・御裏五階櫓：島　充作図
　飯田丸五階櫓：『特別史跡熊本城跡飯田丸一帯復元整備事業報告書』（熊本市、2005年）収録の図面を島　充が調整

天守と櫓

　熊本城には大小天守以外にも、他の城郭（じょうかく）では天守に匹敵（ひってき）する規模の五階櫓（ごかいやぐら）がかつて5基もあった。それぞれの曲輪（くるわ）の防衛拠点（きょてん）でありシンボルでもある五階櫓は、熊本城のなかの「小さな天守」ともいえる。天守と五階櫓の形を比べてみると、デザインに共通性や独自性がみえてくる。

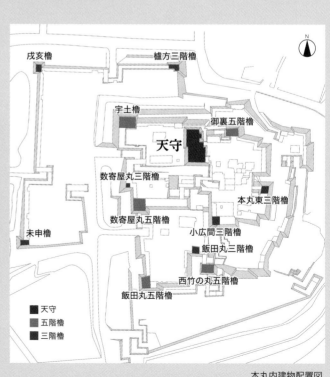

本丸内建物配置図

御裏五階櫓（おうらごかいやぐら）

飯田丸五階櫓（いいだまるごかいやぐら）

西竹の丸五階櫓（にしたけのまるごかいやぐら）

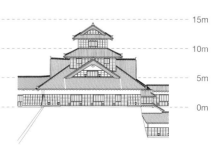

（西面）

竹の丸から飯田丸に向かう連続した枡形の中央にあった五階櫓。土台の石垣が独立しており、五階櫓には北に接続した札櫓門だけで行き来した。

（西面）

飯田丸南西隅に位置した五階櫓で、平成17年（2005）に木造で復元された。熊本城の五階櫓のなかでは規模が小さい。

（北面）

小天守の東に位置した五階櫓で、1階平面に対して最上階が小さいため、全体がずんぐりとした形をしている。

天守

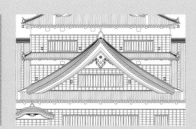

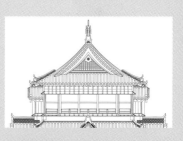

破風のちがい

天守と五階櫓を比べてみると、美しい反りを持つ破風は天守だけに用いられている大きな特徴といえる。五階櫓はすべて直線的な破風を用いている。入母屋破風と同じくらい大きな千鳥破風を残り2面に配置するのは、天守と五階櫓で共通してみられる特徴である。

懸魚のちがい

懸魚とは破風に付けた飾りのことで、天守には五階櫓にはない三花蕪懸魚や蕪懸魚、兎毛通などの華やかなものが用いられている。五階櫓には梅鉢懸魚だけが使われており、シンプルなデザインにみえる。

回縁のちがい

回縁とは最上階の部屋の周囲に回した縁のことで、熊本城の数ある建物のなかでも、天守と宇土櫓だけに用いられた。天守は回縁を建物の内部に取り込んで外に雨戸を立てているのに対し、宇土櫓は部屋の外部に付けているのが特徴である。

櫓

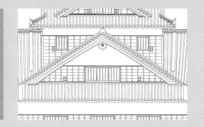

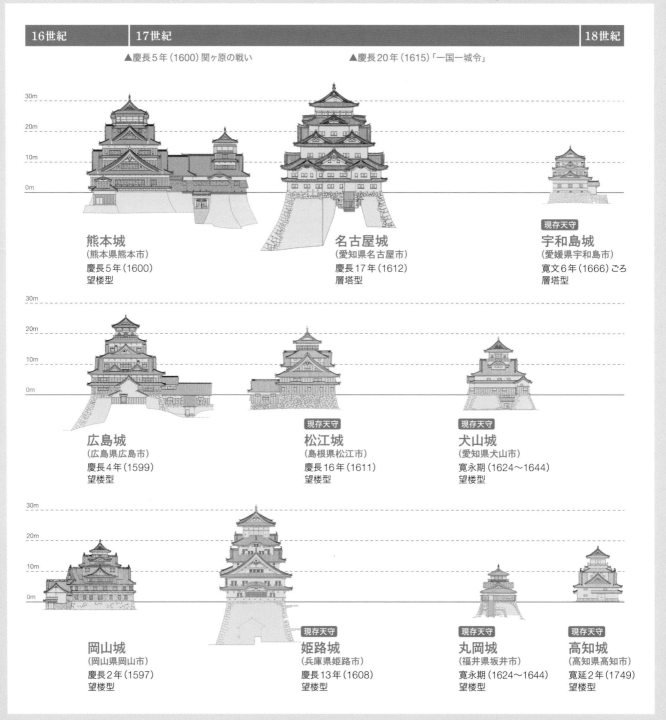

▲慶長5年（1600）関ヶ原の戦い　　　　▲慶長20年（1615）「一国一城令」

熊本城
（熊本県熊本市）
慶長5年（1600）
望楼型

名古屋城
（愛知県名古屋市）
慶長17年（1612）
層塔型

現存天守
宇和島城
（愛媛県宇和島市）
寛文6年（1666）ごろ
層塔型

広島城
（広島県広島市）
慶長4年（1599）
望楼型

現存天守
松江城
（島根県松江市）
慶長16年（1611）
望楼型

現存天守
犬山城
（愛知県犬山市）
寛永期（1624〜1644）
望楼型

岡山城
（岡山県岡山市）
慶長2年（1597）
望楼型

現存天守
姫路城
（兵庫県姫路市）
慶長13年（1608）
望楼型

現存天守
丸岡城
（福井県坂井市）
寛永期（1624〜1644）
望楼型

現存天守
高知城
（高知県高知市）
寛延2年（1749）
望楼型

◆各天守の建築年と図版出典は以下の通り
熊本城：株式会社大林組提供の図面を島 充が補正
広島城：文化庁編『戦災等による焼失文化財［増訂版］建造物篇』
（便利堂発行、総発売元臨川書店、1983年）
岡山城：仁科章夫『岡山城に就て』『建築雑誌 第41輯 第502号』
（一般社団法人日本建築学会、1983年）
名古屋城：名古屋城総合事務所提供
松江城・姫路城・犬山城・丸岡城：太田博太郎編『日本建築史
基礎資料集成 十四 城郭Ⅰ』（中央公論美術出版、1978年）
※犬山城・丸岡城の建築年については、近年の調査研究成果に基づいた
宇和島城・高知城：太田博太郎編『日本建築史基礎資料集成 十
五 城郭Ⅱ』（中央公論美術出版、1982年）

日本の城のなかの熊本城天守

　慶長5年（1600）に完成したと考えられる熊本城の大天守は、望楼型天守のなかでも古い時期に位置し、近い時期のものに広島城天守・岡山城天守がある。 関ヶ原の戦いの後は姫路城天守や松江城天守のような望楼型天守があり、その後に名古屋城天守のような層塔型天守が生まれた。 一方で、18世紀半ばの高知城天守のように古い望楼型天守を意識した復古型の天守もある。

細川時代

Hosokawa Era

細川家舟屋形
（公益財団法人永青文庫蔵、熊本市管理）

細川家の入城

細川忠利肖像画 矢野三郎兵衛吉重筆（公益財団法人永青文庫蔵）

Hosokawa Clan — Entering the Castle

寛永9年（1632）12月、
加藤家にかわる新たな熊本藩主として、
細川家が熊本城に入った。
細川家は11代239年にわたって
熊本を治め、熊本城を守り続けた。

新しい熊本藩主 細川忠利

　天正14年（1586）、丹後（現在の京都府北部）に生まれた細川忠利は、15歳で江戸に人質として出され、徳川秀忠に仕え厚い信頼を得た。その後、元和7年（1621）に父の跡を継ぎ小倉藩主となり、寛永9年（1632）には加藤家にかわって熊本藩主となった。

細川家の発展

← 細川家の動き
- ● 藤孝
- ● 忠興
- ● 忠利

江戸 ❺
丹後国
❹ ❸ 宮津城 田辺城
山城国
❷ ❶ 勝龍寺城
関ヶ原の戦い

❽ 小倉城 豊前国
❼ 中津城 ❻ 木付城 豊後国
❾ 熊本城 肥後国
八代城

※『細川家の700年 永青文庫の至宝』
（新潮社、2008年）を参考に作図

❶	天正元年（1573）7月	藤孝、信長から山城国に領地を与えられ、勝龍寺城に入る
❷	天正6年（1578）	忠興、明智光秀の娘・玉（ガラシャ）と結婚
❸	天正8年（1580）8月	忠興、丹後国12万石の領主となる
❹	天正14年（1586）	忠利生まれる
❺	慶長5年（1600）1月	忠利、人質として江戸に出され徳川秀忠に仕える
❻	慶長5年（1600）2月	忠興、豊後国に6万石を加増される
❼	慶長5年（1600）11月	忠興、豊前・豊後国30万石の領主となる 中津のち小倉を本城とする
❽	元和7年（1621）	忠利、忠興の跡を継ぎ小倉藩主となる
❾	寛永9年（1632）	忠利、肥後国54万石の領主となり、12月に熊本城に入る

細川家とは

　近世細川家の初代・藤孝（幽斎）は室町幕府将軍の側近から織田信長に仕え、のちに豊臣秀吉・徳川家康に重用された。2代忠興のとき、関ヶ原の戦いの戦功として豊前・豊後国（現在の福岡県・大分県の一部）に合計30万石を与えられ、細川家の基盤を築いた。忠興と妻・玉（ガラシャ）の息子・忠利が肥後国54万石を与えられ熊本城に入り、以降11代239年にわたって熊本を治めた。

細川家の家紋

 九曜紋　 桜紋

　9つの星を表した九曜紋は、元は周囲の円が大きいものだったが、家紋が似ていたことで誤って斬り殺された5代藩主宗孝の事件以降、細川家では周囲の円を小さくして離した「細川九曜」が用いられた。九曜紋のほかに替紋として桜紋も使用した。

細川家略系図

❶❷❸…歴代熊本藩主

藤孝（幽斎）（1534〜1610）
- 孝之
- 幸隆
- 興元（茂木細川祖）
- 忠興（三斎）（1563〜1645）
  - 寄之（松井家相続）
  - 興孝（刑部家祖）
  - 立孝（宇土支藩祖）
  - 忠利 ❶（1586〜1641）
  - 興秋
  - 忠隆（内膳家祖）

光尚 ❷（1619〜1649）
- 元知
- 尚房
- 宗玄
- 利重（新田支藩祖）
  - 是庸（米田家相続）

綱利 ❸（1643〜1714）

宣紀 ❹（1676〜1732）（新田支藩主 利重二男）
- 吉利
- 与一郎

重賢 ❻（1720〜1785）
- 興彭
- 紀休
宗孝 ❺（1718〜1747）

治年 ❼（1759〜1787）

斉茲 ❽（1759〜1835）（旧宇土支藩主）
- 年和

斉樹 ❾（1789〜1826）
- 茲詮

斉護 ❿（1804〜1860）（旧宇土支藩主）
- 護美
- 承烈（津軽家相続）
- 護久（1839〜1893）
- 韶邦（慶順）⓫（1835〜1876）
- 慶前

城の広大さに感嘆した忠利
寛永9年12月10日付「細川忠利自筆書状」

　寛永9年（1632）12月9日に熊本城に入った忠利が、その感想を翌日に息子の六（光尚）に書き送ったもの。熊本城の大きさに驚き、江戸城のほかにはこれほど広い城はみたことがないと感嘆した。

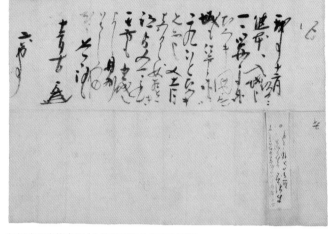

細川忠利自筆書状（公益財団法人永青文庫蔵、熊本大学附属図書館寄託）複製

地震の恐ろしさを経験した忠利

　5月11日の書状では、熊本で続いていた地震が最近は落ち着いていることや、地震時は危なくて本丸には居られないと伝えている。　本丸にはわずかな庭もなく、四方は高石垣に囲まれていて、櫓や天守なども危険である、と忠利は認識していた。　その後、5月18日の書状では、二の丸東の石垣（現熊本城稲荷神社北西）が幅20間（約40m）にわたり被害を受けたことを伝えている。

以上
我事、十二月九日二
熊本へ入城申候
可心安候、事外
ひろき城にて候
城も、江戸之外二ハ
これほとひろき
見不申候、又十一月
十五日之状相とゝき
跡ゟ又可申入候
其方も登城之
よし丹州
　（稲葉正勝）
御さしつのよし
光ニ候、恐々謹言
十二月十日　利（花押）
六返事

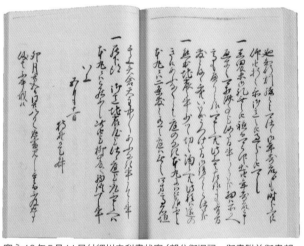

寛永10年5月11日付細川忠利書状案（部分御旧記　御書附并御書部、公益財団法人永青文庫蔵、熊本大学附属図書館寄託）複製

地震打続候て、昨方居も不成
候て、此中ハ静り申候、然ハ
一、三四度迄も礼ニ可罷出候へ共、
ちゝ事ニ仍て、其分ニ仍而已
候由、越度ニ候ヘ共、得其意
候、然者庭の事少々ハ油断ニ而候
一、其地へ御越候由、少々ハ油断ニ而候
高もゟ候様ニ可申候へ共
一、地震引候て、昨方居も不成
　（ここまで前頁）
卯月廿五日之書状具ニ見申候、
　（柳生宗矩）
柳生殿・我等儀八国
廻知行割緩々と可仕候、御年寄衆ゟも時分可被
仲由、折々添御意之由過分候由可申候
一、黒田殿未御礼無之由、軈而可被仰出、年寄衆被申
通早々可相済事を、何たる事ニて候哉、扨八所々かへ
高もゟ候様ニ可申候へ共、此上者左様にも有間
敷と存候、更共いか成うつけたる御請なと被仕候哉
一、熊本地震之事、少つゝ淘候ヘ共、此程八遠の
き候、あふなく候て、庭のなき本丸に八被居不申候、
本丸ニ八二条敷と有之庭八無之、四方高石垣、
其上矢倉・天主中々あふなき事ニ候事
一、罷下得　御意、地震屋を仕候、庭を取不申候ヘ八、
本丸ニ八被居不申候、此由を柳生殿へ物語可申候事
以上
　（寛永十年）
五月十一日
狩野是斎

一筆申候、熊本二ノ丸東之石垣、小口廿間計只今
ぬけ候ヘ共、人も損不申候、其上二間近高石垣へ共、
水遣能申付候間、崩申間敷聞へ可申候間、
為其申候、中々本丸あふなく候付而居不申候、其上
只今之石垣崩候上ニ者人をも置不申候間、気遣無之候、
縦石垣少々地震ニ崩候共、人々けか八無之様ニ申付候間、
可心安由、六へも可申候、謹言
　（光尚）
五月十八日
松野織部殿
町三右衛門殿
　（次頁）
城郭部
御普請石垣破損事

寛永10年5月18日付細川忠利書状案（部分御旧記　城郭部、公益財団法人永青文庫蔵、熊本大学附属図書館寄託）複製

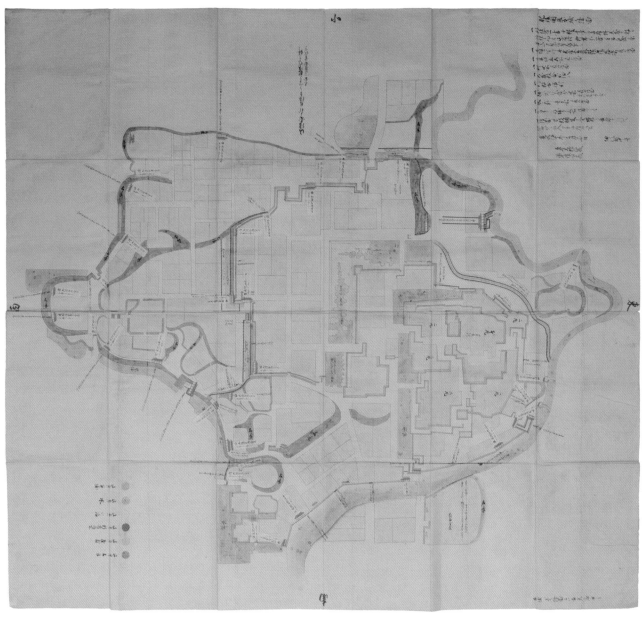

肥後国熊本城廻普請仕度所絵図（熊本県立図書館蔵）

入国後の城改修

加藤清正による築城から25年以上を経た熊本城は、多くの建物で修理の必要が迫っていた。さらに熊本地方では地震が頻発し、石垣が崩れる被害も生じた。忠利が熊本で初めて直面した課題は、広大な熊本城の修復だった。

最も古い熊本城の修理絵図
寛永11年「肥後国熊本城廻普請仕度所絵図」

寛永11年（1634）3月に、熊本城の修理について江戸幕府に提出した絵図の控。忠利は櫓・塀の修理に加えて、西側の空堀の拡張や新たな櫓の設置など、城の防衛強化を望んだ。幕府の許可を受け工事に取りかかるが、将軍徳川家光の病気や天草・島原一揆などでたびたび延期された。図中に貼られている白い付箋は、工事が実現しなかったものを示している。

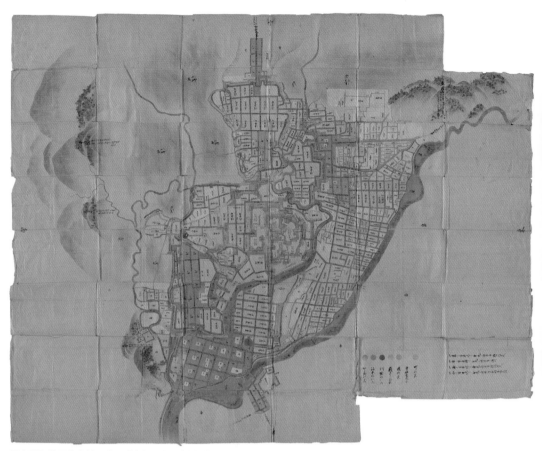

平山城肥後国熊本城廻絵図（熊本県立図書館蔵）

城の維持管理

Castle Maintenance

江戸幕府を中心とした政治体制が安定すると、
軍事拠点である城を新たに改変することは
幕府から厳しく規制された。
城の維持・管理は各大名の重要な役目となり、
それぞれ専門的な部署が担当した。

平山城肥後国熊本城廻絵図

　江戸幕府に提出された正保城絵図の控で、幕府の指示通りに城と城下全体を描いている。　空堀の深さ、石垣の高さや長さ、河川・水堀の水深や幅まで記入し、さらに、城を攻める時に拠点となる見晴らしの良い山や、行軍する時に必要な渡瀬の位置、馬を乗り入れることができる田地など、城の防衛に大きく関わる情報まで書き込んでいる。

詳細な熊本城の姿

　江戸幕府が定めた「武家諸法度」では、新たな築城を禁止し、修理を許可制とした。　さらに正保元年（1644）、幕府は全国の大名に「正保城絵図」の提出を命じた。　城の構造は防衛に関わる重要な軍事情報だが、幕府は提出させた図で大名の城と城下の詳細を把握することができた。

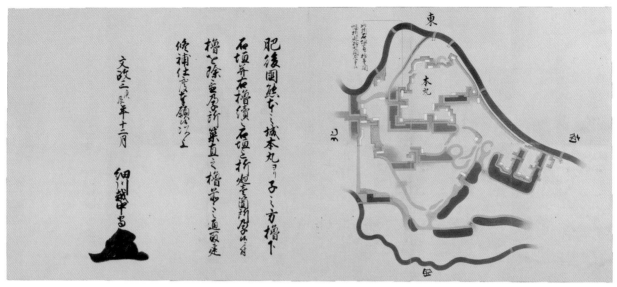

文政3年12月「肥後国熊本城絵図」
（公益財団法人永青文庫蔵、熊本大学附属図書館寄託）複製

此所石垣高サ拾壱間、
幅折廻拾七間孕申候

肥後国熊本之城本丸ヨリ子之方、櫓下
石垣并右櫓続之石垣迄、折廻壱箇所孕候二付、
櫓を除置、孕所築直之、櫓前々之通取建
修補仕度奉願候、以上

文政三庚辰年十二月　細川越中守（花押影）

櫓方三階櫓石垣の修理
文政3年12月「肥後国熊本城絵図」

　櫓方三階櫓（はぜかたさんかいやぐら）は、本丸北の櫓方会所（現在の加藤神社（かとう））北東隅（すみ）に建っていた櫓である。この櫓の石垣は何度も修理が行われ、文政の修理は詳細（しょうさい）な絵図も残る。絵図によると櫓を一度解体して、膨らんだ石垣の積み直しを行ったことがわかる。石垣の石材には文政5年（1822）6月に修理が完了（かんりょう）したことを示す文字が刻まれている。

現在の櫓方三階櫓石垣

石材に刻まれた「文政五年六月竣功」の文字

細川時代の災害と修理

　熊本城は築城以降、地震（じしん）や大雨・洪水（こうずい）などで何度も被災（ひさい）し、その度に修理されてきた。細川時代に行われた修理は、石垣（いしがき）だけでも少なくとも20回が記録に残る。そのうち半数近くは災害からの復旧のために行われたものだった。また、現存する櫓（やぐら）の多くは幕末に修理されたことが棟札（むなふだ）や柱などに残る墨書（ぼくしょ）からわかっている。

修理が許可されるまで

　城の修理は土木工事である「普請（ふしん）」と、建築工事である「作事（さくじ）」に分けられる。特に普請は必ず江戸幕府（えどばくふ）の許可を得なければならなかった。石垣の積み直しや堀浚（ほりさら）いを行う場合、藩（はん）と幕府役人とで事前に協議し（①）、普請箇所がわかるように絵図を作成して老中に申請する（②）。その後、普請を許可する「老中奉書（ろうじゅうほうしょ）」が藩に渡（わた）され（③）、工事に着手する。

修理を担当する部署

　熊本藩では、城の修理は「普請作事掃除方（そうじかた）」という部署が担当し、竹の丸に「作事所」が置かれて、藩の役人のほか大工などの職人が働いていた。一方、建物の日常的な管理は「城内方」という部署が担当した。天守をはじめとする建物には藩の重要な書類や武具が収められており、それらは城内方のうち「天守方」が管理した。

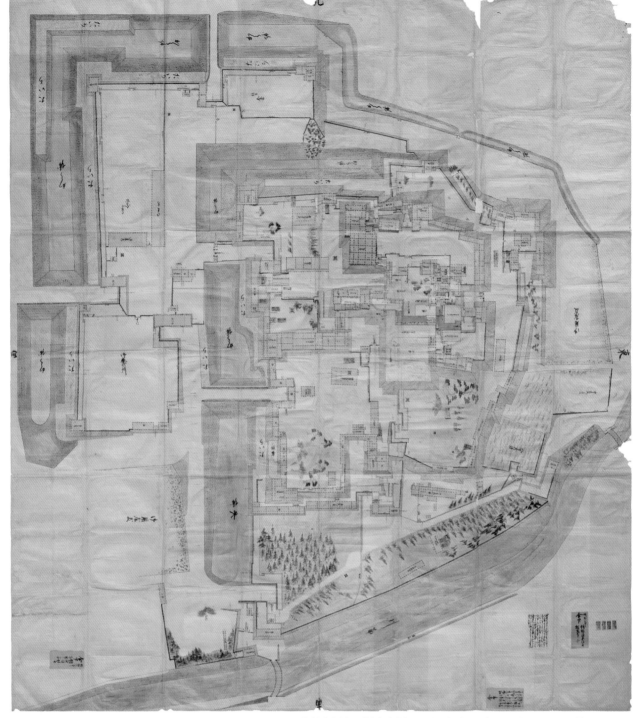

御城内御絵図（熊本市蔵）　明和6年（1769）ごろ　縦367.3cm 横329.0cm

本丸全域を描く
唯一の平面図

　「御城内御絵図」は本丸内の建物を柱の位置・数まで詳細に描いた図で、本丸全域の建物の平面構成を知ることのできる史料としては唯一のものである。 天守や高層の櫓は地階を描き、さらに上の階の平面図を貼り重ねている。城内の建物の修理を担当した作事所で使われていた図と考えられる。

御城内御絵図を読み解く

　絵図の全体には、うっすらとヘラで引かれたマス目がある。 マスの1辺は12mmで、この絵図では1間を表している。 熊本城では1間を6尺5寸（約197cm）とする場合が多く、本丸御殿の発掘調査でも、絵図の柱位置と合致する配置で礎石が検出され、精度の高い図であることが証明された。 絵図をじっくりと読み解くと、18世紀後半の熊本城の様子が浮かび上がってくる。

一 天守

地階（穴蔵）の上に1階平面を貼り重ねている。大天守地階では、特徴的な床の張り出しがひときわ太い線で表現されている。柱と柱をつなぐ細い線は壁または敷居である。小天守地階には井戸とかまどが描かれ、板敷きや土間など床の仕上げもわかる。

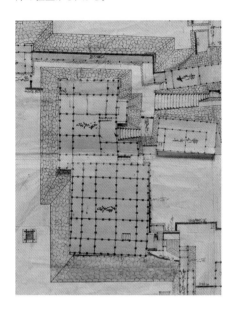

二 本丸御殿

「御城内御絵図」原本で失われている本丸御殿1階平面部分は、後年の写でみることができる。本丸御殿は、「闇り通路」と呼んでいる地下通路をまたぐように建てられており、通路にある玄関から階段を上ると大広間に入るしくみである。大広間の南は中庭である路地を囲むように「麒麟之間」や小広間などの建物があった。

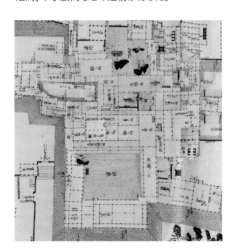

本丸御殿1階部分
（しろはく古地図と城の博物館富原文庫蔵）

三 不開門

現存する唯一の櫓門である不開門は熊本城の鬼門の方角にあたり、不浄なものを外に出すときにだけ利用されたという。この図では、不開門に向かう坂道上に十数本、坂の下にも道をふさぐように生えた4本のスギが描かれており、日常的に使う門ではなかったことがうかがえる。

四 作事所

竹の丸に置かれた作事所は、城内や花畑屋敷などの建物の修理を担当した。竹の丸の要人櫓下にはスギが多く植えられており、作事所の建築部材としても利用された。

五 飯田丸のクス

飯田丸に現在も葉を茂らせている大クスは、樹齢800年ともいわれている。御城内御絵図には、この大クスや天守前のイチョウなど、重要な樹木も詳細に描かれている。

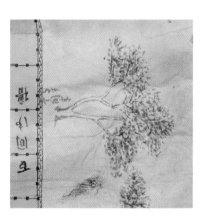

六 付札

絵図には小さな付札がいたるところに貼られている。黄色の付札は元文3年（1738）以降に実施した建物の改修の内容を、青色の付札は今後着手する予定の建物の改修の内容を書いている。これらの付札から、作事所で数年にわたってこの絵図を使って建物の維持管理が行われていたことがわかる。

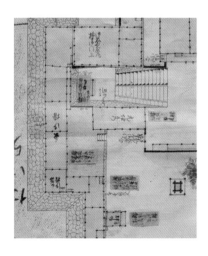

広がる城下

本丸

天守

宇土櫓

飯田丸

Expansion of the Castle Town

新たに入国した細川家は、
加藤時代につくられた熊本城下を引き継ぎ、
さらに拡張した。

総面積約370万平方メートルにおよぶ熊本城下は、
武士が住む武家屋敷地区、町人が運営する町、
そして寺が効果的に配置された一大都市だった。

花畑屋敷

米田邸

古城

札の辻

新出町
出京町
京町 寺町 向寺原・建部
内坪井 外坪井・千反畑
城 域 手取
新町
山崎 高田原
古町
迎町
—— 城郭・城下模型範囲

城郭・城下模型

縮　尺｜約1/500
製　作｜昭和56年（1981）、令和3年（2021）に一部追加製作
大きさ｜東西3.6m、南北3.1m
監　修｜伊東龍一

　熊本市役所新庁舎の完成を記念して昭和56年（1981）に製作され、令和3年（2021）に新町・古町・山崎・高田原などを一部追加し、模型範囲を南に約50cm拡張した。熊本城下のなかでも、熊本城を中心に坪井川や堀・土塁に囲まれた惣構の特徴をみることができる。

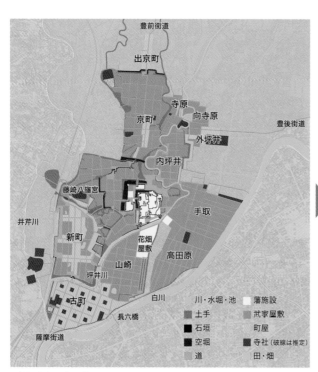

※寛永7年（1630）ごろ「熊本屋鋪割下絵図」（熊本県立図書館蔵）を参考に、
　平成26年作成　熊本市全図1:10,000に作図

加藤時代末ごろの城下

　この時期に、城下の原型がほぼ完成した。新町の一部には池が所々に残っている。新町・古町のほかに京町の豊前街道沿い、坪井の豊後街道沿いに町屋が並んでいる。

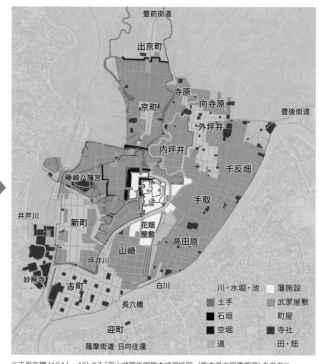

※正保年間（1644〜48）ごろ「平山城肥後国熊本城廻絵図」（熊本県立図書館蔵）を参考に、
　平成26年作成　熊本市全図1:10,000に作図

細川時代初めごろの城下

　細川家の入国後、外坪井・千反畑に武家屋敷が拡張された。さらに、古町から白川を渡った対岸に迎町がつくられた。新町にあった池は埋め立てられており、高麗門の南西には、細川忠利の死後に妙解寺が建立された。

城下の変遷

　城下のなかでも二の丸・千葉城・宮内・桜馬場・古城・内坪井・山崎には中上級家臣の屋敷があり、手取・京町・千反畑・高田原・外坪井・建部・子飼などの周辺部に下級家臣の屋敷があった。新町・古町・坪井・京町の4地区には町屋があり、町人の代表が町を運営した。熊本城下は時代を経るにしたがって、東に武家屋敷を拡大し、白川の対岸に町が広がった。

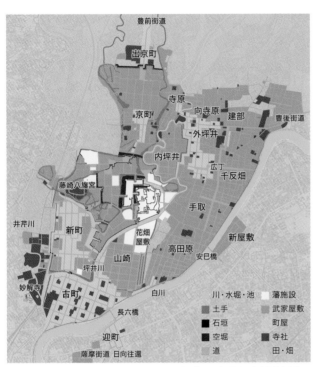

※文久3年（1863）以降「熊本惣絵図」・「飽田・詫摩之内屋敷絵図」（公益財団法人永青文庫蔵、熊本大学附属図書館寄託）を参考に、平成26年作成　熊本市全図1:10,000に作図

細川時代末ごろの城下

17世紀半ば以降につくられた建部の武家屋敷は、さらに東へ拡大した。 白川には安政4年（1857）に橋が架けられ（安巳橋）、対岸に武家屋敷が広がり「新屋敷」と呼ばれた。 外坪井・千反畑・手取には、「広丁」と呼ばれる火事の延焼を防ぐための幅の広い道がつくられた。

天守の使われ方

Use of the
Keeps

藩主の生活の場が本丸から花畑屋敷に移ると、
天守は日常的に使われることはなくなり、
細川家代々の武具など大切なものを
保管する場所となった。
藩主が天守に登るのは特別な行事となり、
天守は城のシンボルとしての性格を
強めていった。

武器庫としての天守

　天守は戦時において最後に籠城する場所であり、
本来は武具類や食糧が備えられていた。熊本城の
天守の部屋には「御鉄炮之御間」や「御具足之御間」
など武具にまつわる名前もみられ、内部には加藤時代
から備えられていた武具とともに、細川家の甲冑類が
大量に保管されていた。

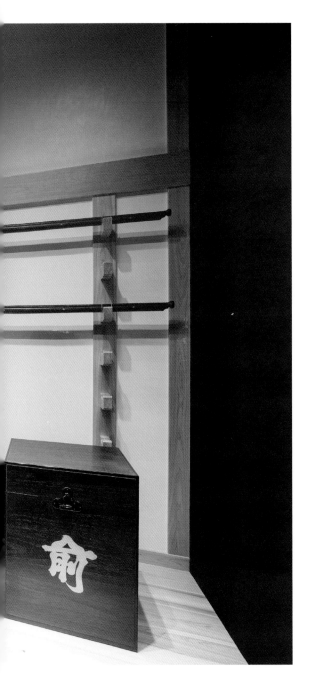

◀黒皺皮包紺糸射向 紅 威二枚胴具足
（公益財団法人永青文庫蔵、熊本県立美術館寄託）複製

10代藩主細川斉護が用いたもので、ヘルメット形の兜に山鳥の羽を付けた、落ち着いた色合いの三斎流具足である。装飾を極力なくした実用的なつくりだが、草摺の左側面だけ紅糸威や金箔を使って華やかにみせている。

◀火縄銃（熊本博物館蔵）複製

「肥後筒」と呼ばれる、肥後国（現在の熊本県）で製作された火縄銃。

黒糸威横矧二枚胴具足（三斎所用）
（公益財団法人永青文庫蔵、熊本県立美術館寄託）

細川家に伝わる御吉例の具足

　　細川忠興（三斎）は、自らの経験に基づいて軽量化し機能性を高めた実戦的な甲冑をつくり上げた。この形式は「三斎流」と呼ばれ、甲冑の一つの手本とされた。この甲冑を身に着けて出陣した関ヶ原の戦いで忠興が戦功をあげたことから、細川家では「御吉例の具足」として大切にし、歴代藩主の甲冑にも引き継がれた。

天守から出された甲冑の行方

　　明治4年（1871）、廃藩置県が行われると、天守にあった大量の武具類の保管が問題となった。当時、細川家が歴代藩主の武具を200人以上の旧家臣に預けたことで、現在まで伝わったものも少なくない。展示している甲冑（レプリカ）も明治5年（1872）に中嶋嘉内に預けられたもので、櫃に「斉護公 二番中嶋嘉内返納」とあるように、のちに細川家に返されたものである。

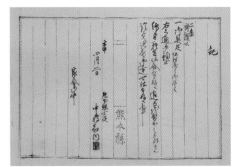

甲冑を預かった中嶋嘉内の証書（公益財団法人永青文庫蔵、熊本大学附属図書館寄託）

鎧櫃につけられた付札

熊本城の天守や本丸御殿大広間の部屋の多くは、加藤時代の狩野派の絵師による障壁画で飾られた。細川忠利が入国すると、矢野派の絵師を呼び寄せ、本丸御殿の「松之間」や「吉野之間」などの障壁画を描かせた。天守の障壁画とされる作品は残っていないが、本丸御殿の障壁画とされるいくつかの作品が、当時の華やかさを伝えている。

日の出老松図屏風（公益財団法人永青文庫蔵、熊本県立美術館寄託）複製

日の出老松図屏風
二曲一隻　伝矢野吉重筆
縦178.0cm　横175.8cm

矢野吉重筆とされるが、画面の上下で別の紙が貼り合わされていることから、本来は別々の壁に描かれていた障壁画を、後に1枚の屏風に仕立て直したものと考えられる。吉重は本丸御殿「松之間」の障壁画を手がけており、関連する作品として「老松牡丹図屏風」がある。

と考えられる。 熊本城本丸御殿の「松之間」には矢野吉重による障壁画が描かれたことから、「日の出老松図屏風」とともに、御殿を飾った障壁画の一部の可能性がある。

老松牡丹図屏風（公益財団法人永青文庫蔵、熊本県立美術館寄託）

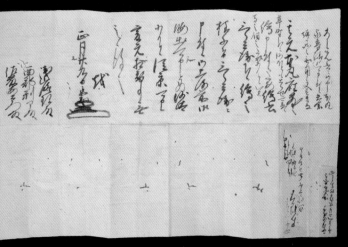

寛永11年1月29日付 細川忠利達書
（公益財団法人永青文庫蔵、熊本大学附属図書館寄託）

本丸御殿の障壁画を手がけた矢野吉重

　本丸御殿の障壁画を描かせるために、絵師の矢野三郎兵衛吉重を熊本に派遣したことを伝えたもの。矢野吉重は小倉時代から細川家に仕えた矢野派の初代で、「日の出老松図屏風」や「老松牡丹図屏風」は、吉重による本丸御殿「松之間」の障壁画と伝わる作品である。

尚々、先書ニ如申、本丸
家普請八可申付候、矢倉・
堀八必々無用候、又すきな
草時分ニ、何ほともとらせ可置候、
馬之飼之ためにて候、以上、
其元本丸座敷之
絵申付候ため、絵書
三郎兵衛下候、絵之
様子者三郎兵衛ニ
申付候、御上洛前御
暇出可申との沙汰
にて候、従京可申候、
爰元相替事無
之候、謹言

正月廿九日　　忠利（花押）
　　　　　　　　　　　　越
浅山修理殿
西郡刑卩殿
佐藤安右衛門殿

細川家の御用絵師　矢野派

　雪舟の流れをくむ流派で、矢野三郎兵衛吉重を初代とし、江戸時代を通じて細川家の御用絵師をつとめた。 一時衰退するが、4代雪叟のころ再興された。 5代良勝や衛藤良行が領内の滝や名所などを描いた「領内名勝図巻」や、参勤交代で使われた御座船「波奈之丸」の障壁画・天井画は全盛期の矢野派の代表的な作品である。

細川時代の逸話
Anecdotes from the Hosokawa Era

ホセ・フランキー作画

ここでは細川時代の豊富な記録の中から、
特に6つのエピソードを紹介しよう。

天守の屋根に登る男

その一

慶応3年（1867）、乙八という男が天守の屋根に登り、瓦を投げ捨てて捕まった。乙八は乱心しており、医師の診察を受けた結果「脈が早く、動悸が激しく、目の焦点があわず、言葉も乱れ、病乱の様子」だったという。通常、天守侵入は死罪だが、中国の法令で「狂人の場合は終身刑」とした例にならい、藩は乙八を牢に入れた。宝暦の改革で日本初の刑法を定めた熊本藩では、裁判で罪を裁いていたのだ。

あんたがた どこさ

その二

「あんたがたどこさ 肥後さ♪」の歌詞で有名な手まり歌に登場する「船場」は、坪井川が新町の南でカーブする一帯のこと。坪井川は熊本城の堀の役目を果たすと同時に、舟で物資を運ぶのにも利用され、付近には船着き場もあった。川の周辺に住み着いたタヌキは歌詞にも登場し、現在は町のあちこちにタヌキ像がみられる。

城下の祭り

その三

熊本を代表する祭りの一つ「藤崎八旛宮例大祭」は捕えた鳥や魚を解き放つ「放生会」に由来するもので、随兵や馬追いが盛んになるのは江戸時代以降のこと。随兵は、加藤清正が朝鮮出兵から無事に帰還できたことを感謝し、御神幸の供をしたのが始まりという。細川時代には随兵や飾り馬が武家から出され、新町からは獅子舞が奉納されて城下は大いに賑わった。

その四

細川家と宮本武蔵

　剣豪として有名な宮本武蔵は寛永17年（1640）、57歳のときに細川忠利に招かれて熊本にやってきた。　忠利は武蔵を手厚くもてなし、千葉城の一角に屋敷を与えている。　武蔵は優れた水墨画や書を残し、金峰山にある霊巌洞で兵法書「五輪書」を書いたという。

その五

細川家の離れ九曜紋

　延享4年（1747）、藩主・宗孝は江戸城で突然背後から切りつけられ、大けがを負い翌日に亡くなった。　犯人は旗本の板倉勝該で、自身の本家を恨んで切りつけようとしたところ、家紋が似ていたために誤って宗孝を襲ってしまったのだ。　この事件以降、細川家ではそれぞれの円を離した「細川九曜」を使うようになった。

その六

街道と参勤交代

　参勤交代にも利用された「豊前街道」「豊後街道」「薩摩街道」「日向往還」は、新一丁目門前の札の辻（現清爽園付近）が起点。　このうち豊前・豊後街道は現在の二の丸広場を通るものだった。　この道は旅人や薩摩藩の大名行列も通っていたのだとか。　厳重な櫓門や、武家屋敷越しにみえる壮大な天守は、彼らを圧倒したに違いない。

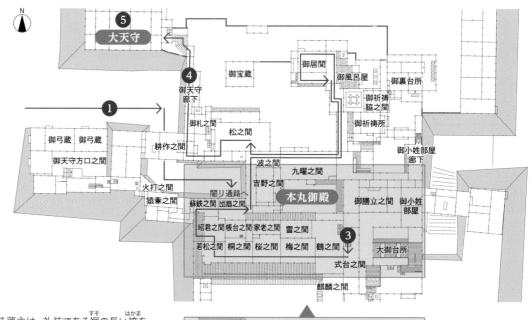

平面図のラベル：

N

⑤ 大天守

④ 御天守廊下

① →

御宝蔵　御居間　御風呂屋　御裏台所

御祈祷脇之間

御弓蔵　御弓蔵　耕作之間　御札之間　松之間　御祈祷所

御天守方口之間　御小姓部屋廊下

火打之間　闇り通路へ　波之間　九曜之間

猿率之間　蘇鉄之間　団扇之間　吉野之間　本丸御殿　御膳立之間　御小姓部屋

昭君之間　帳台之間　家老之間　雪之間

若松之間　桐之間　桜之間　梅之間　鶴之間　③　大御台所

式台之間

麒麟之間

藩主の登城ルート

　入国して初めて登城する藩主は、礼装である裾の長い袴を穿いて、花畑屋敷を出て城内に入り（①）、本丸御殿床下の闇り通路にある御玄関で城代や家老らの出迎えを受ける（②）。御玄関から階段を上り（③）本丸御殿大広間に入って御殿の部屋をめぐり、御天守廊下（④）を通って大天守（⑤）に入ると天守内の各部屋をみて回った。

闇り通路

闇御門　闇り通路　②　御玄関　御番所

警固所　御玄関　階段を上り　本丸御殿 1 階へ

御上段の儀礼

　大天守の最上階・御上段は別名「鐘之段」とも呼ばれた。藩主は最上階に入ると、部屋の東側に西を向いて座り、着任を祝った。その後、城代や家老らが順番に入って、長寿や家の永続を祝う縁起物である熨斗鮑が藩主から与えられた。御上段には「霊符」と呼ばれる札が祀られており、正月にはここで参拝が行われた。

御上段模型内部
（東から西をみる）

大天守最上階から南をみる（長崎大学附属図書館蔵）

藩主の登城

　藩主になって江戸から熊本に初めて入国すると、着任を祝って特別な行事が行われた。その一つが熊本城への登城である。藩主は多くの供を連れて登城すると、本丸御殿や天守の部屋をめぐり、家臣らと対面した。ここでは 19 世紀の記録から、藩主が初めて入国した際に天守で行われた儀礼を紹介する。

藩主がみた景色

　御上段での儀礼を終えた藩主は、おそらくこれから治める国を眺めただろう。この写真は、明治 4 年（1871）ごろに大天守の最上階から南に向かって撮影されたもの。手前には三階櫓や五階櫓の並ぶ城内の壮観が写り、奥には花畑屋敷の豪華な御殿と美しい庭園、さらに奥には熊本藩領の山々がみえる。

近代

Modern Era

四斤山砲模型
（会津若松市教育委員会蔵）

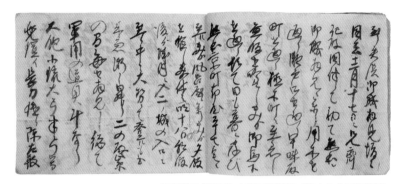

五野栄八「世変化止宿万記録簿」（熊本市立図書館蔵）

一般公開された天守

　明治3年（1870）9月、明治政府に申請した熊本城の取り壊しが許可されると、年末までの3か月間、一般に城を公開した。築城以降、はじめての一般公開となった城は連日にぎわった。城を訪れた人の日記には、天守に多くの武具が置かれ美しい備えであったこと、大天守最上階から景色を楽しんだことなどが書かれている。

古城堀西側からみた熊本洋学校
（長崎大学附属図書館蔵）

熊本洋学校教師ジェーンズ邸
（長崎大学附属図書館蔵）

先進的な学びの場となった古城

　明治3年（1870）に古城に開院した治療所は、オランダ人軍医マンスフェルトを招いて翌年に古城医学校・病院となった。ここでは、のちに日本細菌学の父と呼ばれる北里柴三郎のように、日本の医学の発展に貢献した多くの人材が育った。明治4年（1871）にアメリカ退役軍人ジェーンズを招いて開校した熊本洋学校ではすべての授業が英語で行われ、明治7年（1874）には日本で初めての男女共学となった。

熊本城の明治維新

Kumamoto Castle
after the Meiji Restoration

築城から約250年にわたって、
防衛の拠点であり
統治のシンボルであった城は、
明治維新を迎えるとその役割を変えた。
人々に開かれた城には洋風の学校が建ち、
さらに近代陸軍の拠点として
軍都の中心となった。

開かれた
熊本城

　明治3年（1870）、新しい知藩事・細川護久のもとで、熊本藩は政府の推進する政策に応じた大改革を断行した。そのなかで、前時代を象徴する熊本城の取り壊しが掲げられ、解体を前に初めて天守が一般に公開された。解体は実施されなかったが、一方で改革の一つである医学校・洋学校が古城に設立され、西洋の学問や技術・文化を学ぶ場が広く開かれた。

軍用地化する熊本城

　明治4年（1871）8月、政府は仙台・東京・大阪・熊本の4か所に、軍の拠点である鎮台を設置した。

　明治6年（1873）、名古屋・広島に新たに鎮台が追加されると、熊本城一帯には九州全域を管轄する鎮台の中枢施設と兵営が置かれ、軍都・熊本の中心として歩み出した。

全国の鎮台

名古屋鎮台
明治6年（1873）1月設置

広島鎮台
明治6年（1873）1月設置

熊本鎮台
（設置当初は鎮西鎮台）
明治4年（1871）8月設置

東北鎮台
明治4年（1871）8月設置

東京鎮台
明治4年（1871）8月設置

大阪鎮台
明治4年（1871）8月設置

宇土櫓からみた大小天守　冨重利平撮影（冨重写真所蔵）
明治8年（1875）撮影。　大天守の屋根には鎮台の旭日旗がみえる

熊本之賊徒ヲ討伐之図（熊本博物館蔵）

神風連の変

　明治政府の急激な近代化政策に、全国の士族の間で不満が高まり、各地で反抗が起きていた。　熊本の神風連（敬神党）もその一つで、明治9年（1876）10月24日深夜、熊本鎮台を襲撃した。　鎮台兵の死傷者は200人にのぼり、桜馬場の砲兵営は全焼し、二の丸歩兵営は北側の兵舎を中心に焼失した。

西南戦争と熊本城

西郷隆盛肖像
（国立国会図書館デジタルコレクション）

西郷隆盛と薩摩軍

　明治維新の功労者の一人だった西郷隆盛は、明治6年（1873）、明治政府内の論争に敗れて鹿児島に戻った。西郷は私学校を設立し士族の指導にあたったが、私学校生徒の政府への不満が募り、明治10年（1877）2月ついに西郷を首領に挙兵した。鹿児島を発った薩摩軍は約1万3,000人で、これに呼応した士族は3万人を超えた。

谷干城（前列中央）と鎮台幹部　冨重利平撮影
（冨重写真所蔵）

谷干城と熊本鎮台

　薩摩軍の不穏な動きを事前に捉えた熊本鎮台司令長官谷干城は、熊本城での籠城戦を決意した。城内には、鎮台兵2,590人と県職員や将校家族、小倉から合流した歩兵第十四連隊一大隊、警視隊ら約3,300人が籠城した。

The Satsuma Rebellion and Kumamoto Castle

明治10年（1877）2月、
日本最後の内戦となった西南戦争が始まった。
熊本城は、薩摩軍と政府軍が戦う
最初の舞台となった。
50日あまりにおよぶ籠城戦を
耐えぬいた熊本城は、
実戦で「難攻不落」であることを証明した。

日本最後の内戦
西南戦争

　明治政府の政策に不満を持つ不平士族らの反乱は、佐賀の乱・神風連の変・萩の乱と続いた。明治10年（1877）2月、鹿児島の西郷隆盛を首領に、1万3,000人の薩摩士族が明治政府に対し兵を挙げて東京を目指し、まずは進路の途中にある熊本城で激戦となった。

西南戦争の経過

　2月15日に鹿児島を出発した薩摩軍は、2月22日に熊本鎮台のある熊本城へ総攻撃をしかける。 その後、熊本城の包囲戦を続ける一方で、南下してきた政府軍と田原坂で激戦となった。 田原坂での敗北、さらに4月15日に熊本城の籠城が解かれると、各地に逃れながら戦闘が続き、9月24日の鹿児島の城山総攻撃をもって西南戦争は終結した。

❸ 3月4日〜20日
田原坂の戦い

南下する政府軍と、薩摩軍が衝突。半月におよぶ激戦で合計約10万人が戦い約3万5,000人の死傷者を出した。

下関
門司
小倉

博多
(2月22日)

周防灘

政府軍神戸発
(2月20日)

博多

❷ 2月21日〜4月15日
熊本城籠城戦

薩摩軍、熊本城に立て籠る政府軍を包囲し、2か月近くにおよぶ籠城戦を展開。

鳥栖
久留米

薩摩軍
1万3,000人

政府軍
3,300人

大分

臼杵

南関
大牟田
山鹿
竹田
三重
佐伯

長崎

高瀬
田原坂

阿蘇山▲

熊本

三田井

長井

御船

延岡

日向灘

八代

奇襲上陸
(3月19日〜25日)

日奈久

水俣

人吉

❹ 4月28日〜6月1日
人吉の戦い

敗走する薩摩軍が本営を置き、1か月間攻防戦を展開した。

横川

小林

宮崎

❶ 2月15日
薩摩軍出発

総兵力約1万3,000人。15〜17日にかけて全軍出発。

都城

鹿児島

志布志

奇襲
(3月8日)

❺ 9月1日〜24日
城山の戦い

薩摩軍、鹿児島を再び支配下に置き、城山に立て籠る。 24日、政府軍の猛攻撃により被弾した西郷は自刃し、西南戦争が終結した。

← 政府軍の主な動き
← 薩摩軍の主な動き

熊本城天守閣炎上図 甲斐青萍筆 (熊本博物館蔵)

天守はなぜ燃えた?

火災の原因は現在まで明らかになっておらず、西南戦争最大の謎ともいえる。当時から現在まで有力視されているのは、右の3つの説である。

一 自焼説
敵の大砲の標的となることを防ぐため、鎮台が天守に火をつけたとする説。また、自ら城を焼くことで籠城の決意を固める意図があったともいわれている。熊本県令富岡敬明からの第一報には「本日十一時十分、鎮台自焼セリ」とある。しかし、籠城のための食糧を焼失している記録から、疑問が残る。

二 失火説
鎮台が誤って出した火が燃え広がって炎上したとする説。火災当日の午後8時35分には熊本電信局から「火事ハ炭俵ヨリ起キ、怪火ニ相違ナシ」との電報が打たれている。

三 放火説
薩摩軍の兵が侵入し放火したとする説。西南戦争に従軍した喜多平四郎の日記によると、鎮台内部で薩摩軍に内応するものがいて、その者が火をつけたのではないかという憶測が飛び交っていた。

天守炎上

明治10年 (1877) 2月19日午前11時、熊本城本丸に置かれた熊本鎮台本営から突如火の手が上がった。加藤清正の築城以来、城のシンボルとして存在し続けた天守は瞬く間に炎に包まれ、わずか4時間で焼け落ちてしまった。この火災の原因は今でも謎に包まれている。

人々がみた天守炎上

炎上する天守を城下から目撃した人々は、その衝撃と悲しみを日記や作品に残した。京町の士族・吉田如雪は城の火災を知り、錦山神社にかけつけた様子を日記に記した。石光真清は手記「城下の人」で、炎上する天守を長六橋から眺め涙する人々を記録した。熊本の日本画家・甲斐青萍は天守炎上時まだ生まれていなかったが、当時の人々の記憶や写真などを参考に作品を描いた。

今なお残る烈火の爪痕

　天守を焼失させた火災の痕跡は城内各所に残る。天守閣前のイチョウは火災後に出た芽が成長したものだが、隣には焼けたイチョウの幹（①）を現在もみることができる。さらに、熱を受け表面が玉ねぎ状に剥がれた石垣石材（②）のほか、発掘調査では赤く変色した焼土層（③）や瓦、黒く焦げた炭化材（④）なども大量に発見された。これらの痕跡から、火災の範囲は天守や御殿といった本丸のごく一部だったことが明らかとなった。

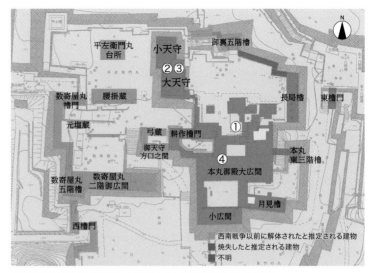

明治10年（1877）に焼失した建物とそれ以前に解体された建物

① 焼けたイチョウの幹

④ 闇り通路から出土した大量の炭化材

② 焼けて表面が剥がれた石垣石材

③ 焼けて赤く変色した土

火災の激しさを物語る出土品

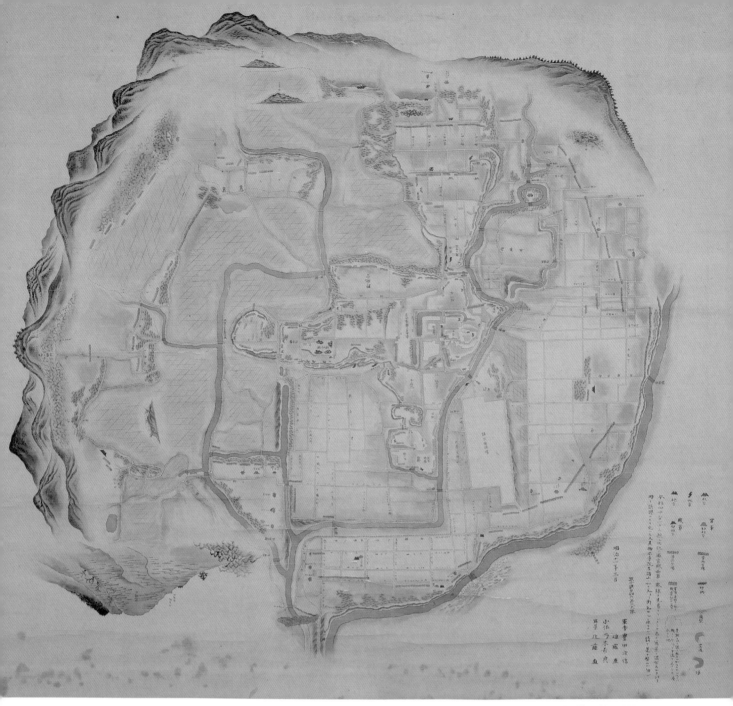

両軍配備図（熊本博物館蔵）

籠城戦

2月21日、熊本城攻防戦の火蓋は切られた。薩摩軍による熊本城総攻撃、段山の激戦など数々の戦闘でも城は落ちず、50日あまりにおよぶ籠城戦を耐えぬいて、熊本城は難攻不落の堅城を証明した。

薩摩軍・政府軍の部隊配備

西南戦争における、熊本城周辺の薩摩軍・政府軍の部隊配備を描いた図。青色が政府軍、赤色が薩摩軍の砲台・防塁である。赤い稲妻形のものは政府軍の地雷で、法華坂や下馬橋付近に設置されている。坪井川と井芹川の合流地点では薩摩軍が川をせき止めた様子が描かれ、水没した城下の範囲は赤い点線で示している。

西南戦争全体に関すること	籠城戦に関すること

1月31日
私学校の一団、政府海軍所属の火薬庫襲撃

2月15日
薩摩軍、鹿児島を出発

2月23日
木葉の戦い

2月25日〜27日
高瀬の戦い

2月26日〜3月21日
山鹿の戦い

3月3日〜4月1日
吉次峠の戦い

3月4日〜20日
田原坂の戦い

3月19日
日奈久に衝背軍上陸

4月12日〜14日
川尻の戦い

4月12日〜20日
御船の戦い

4月20日
健軍・保田窪の戦い

4月28日〜6月1日
人吉の戦い

5月19日
竹田の戦い

5月31日
三田井の戦い

7月24日
都城の戦い

7月31日
宮崎の戦い

8月1日〜2日
高鍋の戦い

8月15日
和田峠の戦い

9月1日〜24日
城山の戦い

9月24日
西南戦争終結

籠城戦

2月14日 籠城の準備を始める

　薩摩軍が鹿児島を出発する前日の2月14日、鎮台司令長官谷干城は籠城の方針を決定した。 神風連の変から兵の士気が回復せず、城外の戦闘で勝つ見込みが薄かったためである。 その日から鎮台では炊事場を設けて兵糧を蓄え、職人を雇い地雷を製造させた。 さらに竹の丸・櫨方に火薬庫を建て、各所に柵や砲台を築き、橋を撤去し通路を塞いで籠城に備えた。

2月18日 城内に電信仮局設置

2月19日 天守炎上

2月21日 開戦

橋が撤去された古城 上野彦馬撮影
（一般財団法人熊本城顕彰会蔵、熊本博物館寄託）

2月22日〜23日 熊本城総攻撃

　2月21日、城下に侵入した薩摩軍に向けて城内から砲撃が始まり、熊本城での戦闘が始まった。 翌22日午前6時、薩摩軍は城の東側と西側の二手に分かれ、一斉に攻撃を開始した。各所で激戦となり、参謀長の樺山資紀が負傷、歩兵第十三連隊長の与倉知実も銃弾に倒れ、翌日に息を引き取った。

熊本城戦争之図 銀光筆（熊本博物館蔵）

3月12日〜13日 段山の激戦

　総攻撃で熊本城が落ちないと判断した薩摩軍は主力を北上させ、熊本城周辺の戦略を長期的な包囲戦に切り替えた。 2月22日の戦闘で薩摩軍に奪われた段山は、鎮台を長く苦しめていた。3月12日、鎮台の大砲で段山の小屋が炎上したことを機に、警視隊が猛烈な攻撃を開始。 鎮台側の死傷者は221名、薩摩軍側の死傷者は約100名にのぼり、開戦以来最も激しい戦いとなった。

段山激戦図 矢田一嘯筆（熊本博物館蔵）

3月26日 薩摩軍による水攻め

　薩摩軍は、北上させた田原坂方面で多数の死傷者を出したことと、南から進軍してくる政府軍に備えるため、攻城の兵を削減する必要があった。 3月26日、薩摩軍は坪井川と井芹川の合流地点をせき止め、4月上旬には川からあふれた水で島崎一帯が水没した。 薩摩軍は兵を減らすことができたが、一方で籠城する鎮台兵にとっても守備の削減につながった。

4月8日 突囲隊が薩摩軍突破
衝背軍との連絡に成功

4月14日 衝背軍の一部が入城

4月15日 衝背軍の本隊が入城

水没した島崎一帯（熊本博物館蔵）

籠城戦の終結

　長期化する籠城戦で、次第に食糧不足が深刻な問題になっていった。 鎮台はまだ食糧に余裕があるうちに、県南から北上してくる応援の政府軍（衝背軍）と合流するため、薩摩軍の包囲を突破する「突囲隊」を編成した。 4月8日、突囲隊が薩摩軍陣地の突破に成功し、宇土で政府軍と合流。 14日に衝背軍の一部が熊本城に入城し、翌日に主力が入城して熊本城の籠城は解かれた。

熊本城突囲隊之図 甲斐青萍筆（熊本博物館蔵）

花岡山からみた煙が立ちのぼる城下（熊本博物館蔵）

荒廃した城下の記録

　政府軍に戦地の撮影を依頼された長崎の写真師・上野彦馬や、熊本で写真所を開業していた冨重利平は、荒廃した城下の様子を撮影した。　家屋はほとんどが焼失して焼け野原となり、藤崎台にあった藤崎八旛宮や京町の錦山神社も戦火を受けた。　明治10年（1877）5月に出版された「焼場方角図」によると城下の焼失戸数は約9,000戸におよび、熊本県は被災した家屋を調査して補償を行った。

城下の焼失

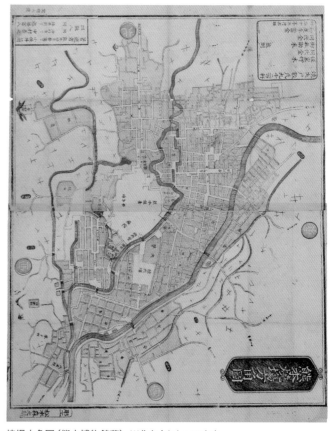

焼場方角図（熊本博物館蔵）　※北を上にしています

　政府軍は、薩摩軍の隠れ家や拠点になることを防ぐため、城下の家屋を戦略的に放火した。　さらに熊本城をめぐる戦いで、城下の多くの家屋が焼失し破壊された。　城下は焼け野原となり、さらに焼け残った家屋内の食糧や家財道具は、政府軍や薩摩軍による略奪が繰り返された。　西南戦争によって、江戸時代の景観を留めていた城下の建物のほとんどが失われてしまった。

籠城戦秘話

Fascinating Accounts from the Siege

ホセ・フランキー作画

日本最後の内戦・西南戦争で
政府軍は熊本城籠城を決断した。
過酷な籠城戦の実態とは?
当時の記録からひもといてみよう。

負傷兵に栄養のあるものを食べさせようと、堀の鯉や鮒を捕っていた。兵士の中に豆腐屋の息子・飴屋の息子がいたので、城内で豆腐や飴菓子を作ったりもしていたとか。

食事

ともに籠城していた将校夫人らが、城内に生えていた野蒜を取っておひたしを作った。また、弾に当たって死んでしまった馬の肉を、煮しめにして食べたという。

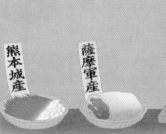

西南戦争では、地雷やロケット砲、風船爆弾のような最新の武器も使用された。また、籠城兵たちは病院の薬びんに火薬・釘・ガラス片を詰めた手投げ弾のようなものを製作して戦いに利用した。

武器

歩兵第十三連隊長・与倉知実の夫人は城内で出産したが、奇しくもその日は2月22日の熊本城総攻撃。夫は藤崎台で戦死してしまった。

人々

明治22年熊本地震

奉行丸南面の崩落石垣 冨重利平撮影（国立科学博物館提供）

The 1889 Kumamoto Earthquake

西南戦争から12年後の
明治22年（1889）7月28日深夜、
熊本の街を大地震が襲った。
マグニチュード6.3と推定される直下型地震で、
熊本城では各所の石垣が崩落する
大きな被害を受けた。

城内の甚大な被害

　熊本城では石垣42か所が崩落、20か所が膨らみ、崖7か所が崩落した。崩落と膨らみを合わせた石垣の被害は約8,800平方メートルにおよび、宇土櫓など西南戦争で焼失を免れた櫓でも壁の破損などの被害を受けた。熊本城や市街の被害の様子は、熊本の写真師・冨重利平によって撮影され、遠く離れた場所にも熊本の地震被害が正確に伝えられた。

東からみた闇り通路の崩落石垣
冨重利平撮影（国立科学博物館提供）

崩落した飯田丸五階櫓石垣
冨重利平撮影（国立科学博物館提供）

地震被害の詳細図

　当時、熊本城を管理していた陸軍（第六師団）が、地震被害を明治天皇に報告するために作成した書類には、熊本城の石垣や崖の被害状況図が綴じられていた。この図では、石垣と崖の崩落を黄色、膨らみを赤色で示している。

震災ニ関スル諸報告　熊本城千弐百分一図（宮内公文書館蔵）
※北を上にしています

復旧された
名城の旧跡

　石垣の修理には莫大な費用が必要となったが、熊本城を管理していた第六師団は陸軍大臣に「費用がかかるからといって名城の旧跡を失うのは遺憾だ」と復旧費用の支出を訴えた。陸軍省は復旧費用の一部を臨時歳出で認め、熊本城は第六師団によって復旧された。修理後に撮影された写真には、積み直された石垣の白い石材が写っている。

御裏五階櫓跡からみた天守台と宇土櫓
冨重利平撮影（冨重写真所蔵）

天守の再建

Reconstruction
of the Keeps

修理前の宇土櫓（熊本市蔵）　　　　解体修理中の宇土櫓（熊本市蔵）

竣工直後の宇土櫓（熊本市蔵）

昭和35年（1960）、
焼失から83年を経て、
市民念願の天守再建が実現した。

1927 昭和2年
宇土櫓修理

　西南戦争や地震を経て残っていた櫓は、大正時代末期になるとひどく荒廃した。大正15年（1926）に熊本城址保存会が結成され、国内外からの募金により宇土櫓の修理が実現した。基礎にコンクリートを使い、内部は鉄骨の筋交いで補強するなど近代工法も採用された。この修理は市民が参加した初めての事例で、その後の天守再建につながる記念すべき出来事だった。

1958 昭和33年
天守再建決定

　宇土櫓の修復後、天守再建を求める声はあったが、軍用地であったことから戦前は実現に至らなかった。戦後、米軍に接収されていた熊本城跡が返還されると、昭和30年（1955）に特別史跡に指定され、公園として整備が進み市民の憩いの場となっていった。昭和33年（1958）、市制70周年記念事業の一つとして鉄骨鉄筋コンクリートでの天守再建が動き出した。

宇土櫓からみた再建工事中の大小天守（株式会社大林組提供）

高まる再建の機運

　市は当初、再建費用を2億円と見積り、うち5,000万円を地元の寄付金でまかなう方針とした。巨額のため実現が危ぶまれたが、地元証券会社の松崎吉次郎氏が財産の大半をなげうって5,000万円全額を寄付すると、再建への市民の熱意はさらに高まった。瓦1枚でも寄付したいという声が上がり、昭和34年（1959）10月から熊本城・百貨店・市役所などで瓦募金を受け付けた。

天守再建前の天守台

再建に向けた研究

　再建が決定すると、設計に向けてさまざまな調査研究が行われた。事前のボーリング調査では天守台の地質が明らかにされ、構造設計に活かされた。さらに外観は焼失した天守の姿を忠実に再現するため、東京工業大学の藤岡通夫教授が古文書・絵図・古写真の詳細な研究を進め、縮尺10分の1の木造天守軸組模型をつくって意匠を確かめた。

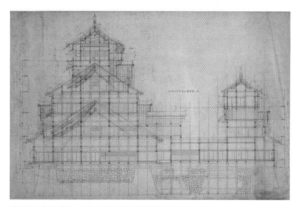

藤岡通夫教授による木造天守南北断面図

製作中の木造軸組模型（株式会社構造計画研究所提供）

1960 昭和35年
よみがえった天守

昭和34年（1959）4月1日に起工式を終えると、いよいよ再建工事が本格化した。当時は基礎杭を打つための掘削をはじめ、多くの工程が人の手によって行われた。翌年8月31日、1年5か月にわたる再建工事が終了し、熊本城天守閣が竣工した。9月22日に天守閣前広場で落成式が開催され、多くの市民が天守の再建・公開を祝った。

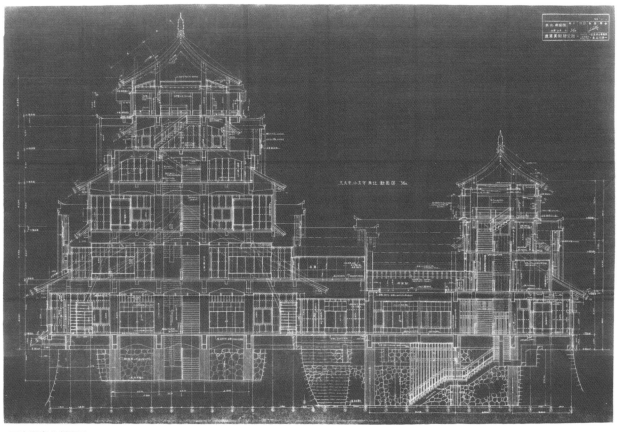

天守閣南北断面図

平左衛門丸で行われた再建起工式

基礎工事が進む小天守

天守に据えられた鯱瓦

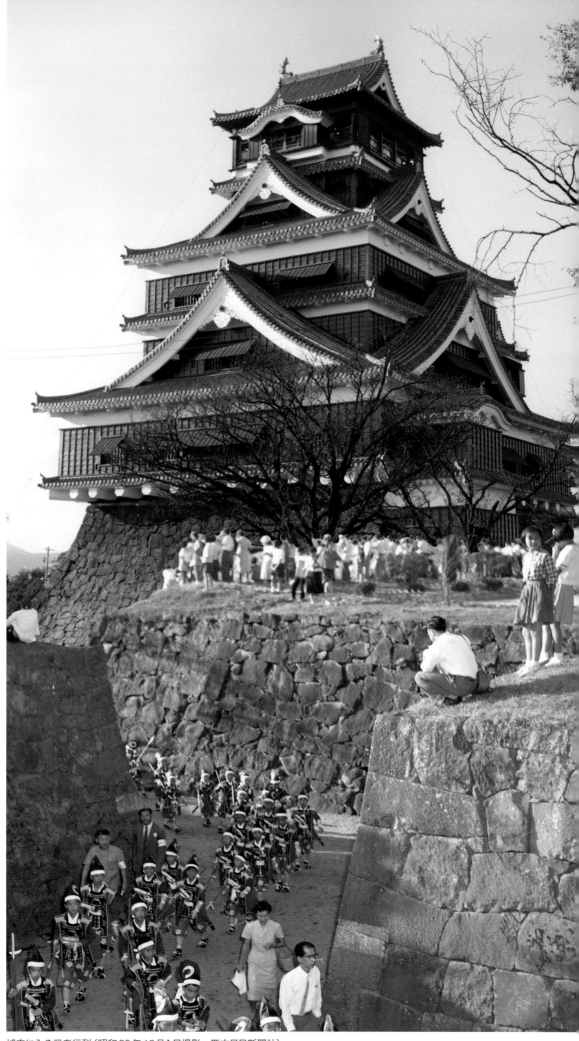

城内に入る武者行列（昭和35年10月1日撮影　熊本日日新聞社）

鯱瓦（大天守）

年　代：昭和34年（1959）
製　作：鈴木吉治・啓介（奈良市）
大きさ：高さ155cm、幅47cm

鯱瓦（小天守）

年　代：昭和34年（1959）
製　作：小林平一・平二（姫路市）
大きさ：高さ130cm、幅40cm

昭和の鯱瓦

　昭和35年（1960）天守再建時の鯱瓦で、大天守用と小天守用それぞれ2体1対で製作された。

　熊本城のシンボルとして天守閣の屋根を飾っていたが、平成19年（2007）に大天守の鯱瓦に
ヒビが見つかったため屋根から下ろされ、新たに平成の鯱瓦と取り替えられた。約47年の役割を
終えた昭和の鯱瓦だが、その後は天守閣内の常設展示で公開され、今でも人々に愛されている。

大天守に設置された鯱瓦（昭和35年）

小天守鯱瓦の設置作業（昭和35年）

小天守に設置された鯱瓦（昭和35年）

Contemporary Era

現代

よみがえる熊本城

平成20年（2008）に復元された本丸御殿大広間（昭君の間）

The Revival of Kumamoto Castle

熊本城では、江戸時代から残る
貴重な櫓の保存修理や、
加藤清正が築いた往時の姿を再現する
復元整備を進めてきた。
平成28年（2016）4月、
熊本を襲った大地震で大きな被害を受け、
日々復旧に取り組んでいる。

修理と復元

　昭和以降、熊本城では重要文化財建造物の保存のため定期的な修理を行っており、平成元年（1989）には宇土櫓の保存修理を実施した。さらに、平成9年度に「熊本城復元整備計画」を策定し、30年から50年をかけて城郭全体（約98万平方メートル）を対象に、往時の雄姿を復元することが目指された。平成26年度までに、西出丸一帯や飯田丸五階櫓、本丸御殿などが復元された。

宇土櫓　国指定重要文化財

南大手門　平成14年（2002）復元

西大手門　平成15年（2003）復元

戌亥櫓　平成15年（2003）復元

未申櫓　平成15年（2003）復元

飯田丸五階櫓　平成17年（2005）復元

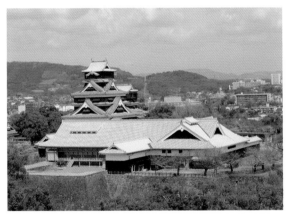

本丸御殿大広間　平成20年（2008）復元

馬具櫓　平成26年（2014）復元

平成28年熊本地震

天守閣被災状況再現模型　縮尺1/150　製作：島 充

The 2016 Kumamoto Earthquake

平成28年（2016）4月14日と16日、
最大震度7の地震が
2度にわたって熊本地方を襲った。
熊本城は国指定重要文化財建造物
13棟すべてが被災し、
石垣が50か所で崩落、
地盤の沈下・地割れは70か所におよんだ。
現在は、平成30年（2018）3月に策定した
「熊本城復旧基本計画」に基づき、
復旧を進めている。

本丸地区の石垣の被害

熊本城内の被害

宇土櫓と頬当御門周辺の石垣

飯田丸五階櫓

北十八間櫓

二の丸御門跡と百間石垣

天守閣の被害

　大天守最上階の瓦はほとんどが落ち、鯱瓦も落下してしまった。最上階内部では柱の根元が激しく損傷し、コンクリートの壁や床に多くのひび割れが生じた。小天守穴蔵の石垣は大半が崩落して足の踏み場がなくなり、外側の石垣でも一部が崩落・変形した。トキ櫓跡では石垣の崩落に伴い、地割れが生じた。

瓦が落下した大天守最上階の屋根

根元が損傷した柱

崩落した小天守穴蔵石垣

トキ櫓跡の地割れ

① 復旧用足場設置の様子（2017年4月）

② 大天守最上階解体の様子（2017年5月）

天守閣の復旧

　平成29年（2017）4月に復旧工事が本格化し、建物と石垣の復旧が同時並行で進められた。外観を被災前の状態に復旧する一方で、制振ダンパーやブレース設置などによる耐震補強を行い、来城者動線に近い石垣では安全対策や構造補強を取り入れるなど、将来の災害にも備えた。さらに、エレベーターの設置などバリアフリー化にも取り組み、誰もが最上階からの眺めを楽しむことができるようになった。

天守閣復旧整備事業	工事内容と施工
	1. 基本設計・実施設計　株式会社大林組
	2. 天守閣復旧整備工事　株式会社大林組
	3. 天守閣展示改修業務委託　乃村・丹青特定業務委託共同企業体
	4. 工期　平成28年12月7日〜令和3年3月24日
	5. 事業費　約86億円（うち展示改修業務　約10億円）

⑤ 大天守鯱瓦設置の様子（2018年4月）

⑥ 大天守石垣の積み直しの様子（2018年11月）

③大天守最上階屋根の復旧の様子（2017年8月）

④下見板設置の様子（2017年11月）

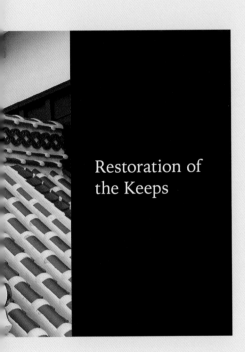

Restoration of the Keeps

天守閣復旧のあゆみ

2016	2017	2018	2019	2020	2021

- 平成28年熊本地震で被災（4月）
- 天守閣の調査、復旧方針の決定（12月）
- 復旧用足場設置開始（4月）①
- 大天守最上階の解体（5月）②
- 大天守石垣の崩落石材回収開始（6月）
- 大天守最上階の復旧開始（8月）③
- 外装・下見板工事開始（11月）④
- 小天守石垣解体開始（1月）
- 大天守鯱瓦設置完了（4月）⑤
- 小天守最上階の解体開始（9月）⑥
- 大天守石垣積み直し完了（11月）
- 小天守最上階の復旧開始（4月）⑦
- 小天守石垣積み直し完了（6月）
- 大天守外観復旧完了（10月）
- 小天守鯱瓦設置完了（11月）
- 小天守壁下見板工事完了（10月）⑧
- 小天守屋根工事完了（12月）
- 小天守外観復旧完了（12月）
- 天守閣復旧完了（3月）

⑦小天守石垣積み直し完了（2019年6月）

⑧小天守屋根工事の様子（2020年12月）

展望フロア

最上階である6階は白木の木質空間に一新。熊本県産材のヒノキと白の漆喰調(しっくい)で、資料に基づく再現ではないが、往時の空気を感じ取れる空間となった。

大天守最上階(6階)内装
一新された大天守最上階。 照明や空調も目立たないように工夫されている

大天守最上階（6階）からの眺望（南側：現在）

最上階天井の周囲は屋根の勾配を意識した竿縁天井
（さおぶち）

最上階天井中央は格式高い格天井

唐破風内側
最上階には明るい色調の素材を使用している

大天守最上階（6階）「御上段」からの眺望（南側：明治5年ごろ）（長崎大学附属図書館蔵）

熊本城年表

1336 延元元・建武3	「隈本城」が初めて史料に登場する
15世紀後半	出田秀信、菊池氏の代官として隈本城（千葉城と伝えられる一帯）に入ったとされる
1520 永正17	菊池義武、肥後国の守護として隈本城に入る このころ、菊池氏の代官として鹿子木親員が隈本城に在城、整備する
16世紀後半	大友氏の支配となり、大友氏に協力した城氏（城親冬）が隈本城に入る
1587 天正15	佐々成政、豊臣秀吉に肥後統治を命じられ隈本城に入る
1588 天正16	国衆一揆により、佐々成政が失脚 加藤清正、肥後北半国19万5,000石の領主として隈本城に入る
1590 天正18	このころ、隈本城（古城）の石垣を築き始める 「天正十八年」銘の軒平瓦製作
1591 天正19	肥前名護屋城の築城始まる
1592 天正20（文禄元）	文禄の役始まる
1593 文禄2	西生浦城の築城（朝鮮半島）
1595 文禄4	「文禄四年拾月一日」銘の軒平瓦製作
1596 文禄5（慶長元）	慶長の役始まる
1597 慶長2	蔚山城の築城（朝鮮半島）。籠城戦となる
1598 慶長3	秀吉が死去、諸将の撤退を命じられる
1599 慶長4	このころ、熊本城（新城）の築城始まる 内牧城の築城 「慶長四年八月吉日」銘の滴水瓦製作 清正、家康の養女と結婚
1600 慶長5	関ヶ原の戦い。このころ、大天守完成 大坂の本妙寺を熊本城内に移す
1601 慶長6	清正に息子・忠広が生まれる 清正、天草郡・球磨郡を除く肥後一国の領主となる
1602 慶長7	西出丸の大黒櫓（戌亥櫓）完成
1603 慶長8	清正、肥後守に任命される
1606 慶長11	江戸城の築城に参加（天下普請）
1607 慶長12	駿府城の築城に参加（天下普請） 佐敷城・水俣城「慶長十二年」銘の軒平瓦製作 熊本城（新城）完成、隈本を熊本と改める
1608 慶長13	宇土城、「慶長十三年」銘の滴水瓦製作
1609 慶長14	清正の娘（八十姫）と家康の子息・頼宣が婚約
1610 慶長15	このころ、熊本城大広間と花畑屋敷が完成か 名古屋城天守の石垣を築く（天下普請）
1611 慶長16	清正、二条城会見に同席 6月　清正死去（享年50歳）
1612 慶長17	支城の宇土城・水俣城・矢部城の廃城 萩藩の密偵、肥後国を探索 忠広、江戸幕府より加藤家相続を認められる
1613 慶長18	忠広、秀忠養女と結婚
1615 慶長20（元和元）	支城の南関城・内牧城・佐敷城の廃城（「一国一城令」） 忠広に息子・光正が生まれる
1616 元和2	中尾山に本妙寺が移される
1618 元和4	加藤家で家臣団の内紛が起きる（牛方・馬方騒動）
1619 元和5	麦島の八代城、地震で倒壊
1620 元和6	大坂城大手桝形・千貫櫓の石垣を築く（天下普請）
1622 元和8	江戸城天守の石垣を築く（天下普請） このころ、松江に移転した八代城が完成
1624 元和10（寛永元）	大坂城天守の石垣を築く（天下普請）
1625 寛永2	熊本地方で大地震。熊本城も被害を受ける
1629 寛永6	江戸城の拡張工事に参加（天下普請）
1632 寛永9	6月　江戸幕府、加藤家を改易 7月　幕府の上使衆、熊本・八代両城を受け取り 12月　細川忠利、新藩主として熊本城に入城
1633 寛永10	熊本城本丸修理のため、忠利は花畑屋敷に移る
1634 寛永11	熊本城の石垣・塀・堀・門などの普請作事を幕府に願い出る 忠利、本丸作事成就につき花畑から移る
1640 寛永17	忠利、宮本武蔵を招き、現在の千葉城町に屋敷を与える

1649 慶安2	本丸北東の石垣崩れについて修理を幕府が許可
1709 宝永6	熊本城石垣修理を幕府に申請
1728 享保13	熊本城新堀門の普請あり
1749 寛延2	城内北大手門脇の空地に櫨方役所を建てる
1754 宝暦4	重賢、城内二の丸に藩校「時習館」を創設、翌年開校
1756 宝暦6	重賢、医学校「再春館」創設、翌年開校
1770 明和7	熊本城北西隅の森本櫓焼失
1779 安永8	熊本城戊亥櫓修復、棟札発見
1810 文化7	熊本御蔵の増築
1824 文政7	古京町長岡内膳屋敷に細川斉玆の別邸として二の丸屋形完成
1867 慶応3	藩庁を奉行所から本丸御殿大広間に移す
1870 明治3	時習館・郷学校・洋学所・再春館を廃止 藩庁を花畑屋敷に移す 知藩事護久が熊本城廃棄を申し出る 古城医学校開校（明治8年3月廃校） 熊本城天守などを一般に公開する
1871 明治4	時習館を解崩して兵式操練場とする 廃藩置県 鎮西鎮台を設置し、本営を熊本に置く 熊本城内古城に熊本洋学校開校（明治9年廃校）
1872 明治5	鎮西鎮台に旧花畑屋敷引渡し 熊本県庁、二の丸から二本木に移転
1874 明治7	熊本城、陸軍用地に編入される 本丸に鎮台本営が移転
1876 明治9	神風連の変
1877 明治10	西南戦争開戦直前の火災により天守・本丸御殿一帯を焼失 熊本城籠城戦
1884 明治17	宇土櫓及び監物櫓修理（陸軍）
1889 明治22	熊本地震（金峰山地震）により石垣・崖崩壊の被害
1926 大正15	熊本城址保存会結成
1927 昭和2	宇土櫓解体修理、長塀修理 谷村計介銅像建立（書物櫓跡）
1933 昭和8	宇土櫓ほか13棟、国宝に指定される 熊本城域が史蹟に指定される
1950 昭和25	新文化財保護法により熊本城跡を史跡に、国宝建造物が重要文化財に指定
1952 昭和27	本丸師団司令部跡に熊本博物館開館 陸軍幼年学校跡に監物台樹木園開園 熊本城跡重文櫓保存修理を国の直轄事業として、27年度から5か年継続で実施
1955 昭和30	史跡熊本城跡が特別史跡に指定
1960 昭和35	熊本城天守閣完成
1961 昭和36	平御櫓完成
1962 昭和37	加藤神社、現在の場所に移る
1966 昭和41	馬具櫓完成
1975 昭和50	集中豪雨により樹木園の崖、二の丸空堀の崖などが崩壊
1976 昭和51	二の丸に熊本県立美術館開館
1978 昭和53	三の丸に熊本博物館が移転開館
1989 平成元	宇土櫓保存修理工事完了 数寄屋丸二階御広間復元
1991 平成3	台風19号が日本列島を縦断し、城内でも被害
2002 平成14	南大手門復元
2003 平成15	戊亥櫓、未申櫓、元太鼓櫓復元
2005 平成17	飯田丸五階櫓復元
2008 平成20	本丸御殿大広間復元
2014 平成26	馬具櫓復元
2016 平成28	熊本地震
2021 令和3	長塀の復旧完了 熊本城天守閣復旧完了

館内設備案内

ユニバーサルデザイン

　従来の天守閣は出入口部分や建物内での移動方法が全て階段だったため、車いすの方や足の不自由な方にとっては、内部の見学が困難でした。今回の復旧工事ではユニバーサルデザインにも配慮し、入口部分にはスロープを、内部にはエレベーターを新設したほか、多目的トイレや触地図のフロア案内を設置するなど、誰もが安心して利用できる工夫をしています。さらに全面リニューアルした常設展示では、触知模型や音声ガイドシステムなども新たに導入しました。

天守閣エレベーター　B1 1 2 3 4 5 6

天守閣の構造上、小規模なエレベーターしか設置できないため、利用者に制限を設けています。階段での上り下りが困難な方以外は、従来通り階段での移動となります。

多目的トイレ　B1 1 2 3 4 5 6

多目的トイレには、ユニバーサルベットやベビーチェアを設置しており、多言語での音声案内も可能です。またオストメイト*にも対応しています。

＊オストメイト：さまざまな病気や
　事故などが原因で、人工肛門・人口
　膀胱を保有している人

触地図　B1 1 2 3 4 5 6

視覚障がいのある方が手で触れて読み取ることができる触地図を、各階のエレベーター横に設置しています。

熊本城公式アプリ

　お手持ちのスマートフォンに「熊本城公式アプリ」をダウンロードしてください。

🔍　熊本城公式アプリ

アプリのダウンロードはこちらから→

アプリの機能

①天守閣常設展示の解説文や映像内容について、音声や字幕で楽しむことができます。
　※対応言語：
　　日本語・英語・中国語・韓国語
②大天守6階の展望エリアにおいて、AR（拡張現実）の機能を用いて現在の風景に古写真を重ねて眺望を楽しむことができます。

アプリのダウンロード

上記QRコードを読み込むか、App StoreまたはGoogle Playにて「熊本城公式アプリ」で検索・ダウンロードしてください。天守閣内では、フリー Wi-Fiを利用してのダウンロードが可能です。

※QRコードは（株）デンソーウェーブの登録商標です。

シアター

1階の天守シアターでは、熊本市出身の高良健吾さんナレーションによる「難攻不落の城」・「不屈の城」の2本の映像を上映しています。

また、3階では熊本県出身の宮崎美子さんによる「昭和35年の天守再建」の映像を上映しています。

高良健吾さん　　　宮崎美子さん

復興城主
デジタル芳名板

平成28年熊本地震により甚大な被害を受けた熊本城の復旧・復元には、長い年月と莫大な費用が見込まれています。一日も早い復旧を願う多くの皆様からいただいたご寄附によって、被災した建造物や石垣の復旧工事を進めています。「復興城主」の皆様は、復興城主デジタル芳名板でご自身のお名前をご覧いただくことができます。

4階で閲覧できる復興城主デジタル
芳名板のスペース

復興城主

熊本市では、熊本城の復旧・復元のために広く支援を募る「復興城主」制度を創設しています。1回につき1万円以上の寄附をされた方を「復興城主」として登録し、「城主証」「城主手形」をお届けいたします。また、天守閣4階と復興城主受付（二の丸お休み処横）に設置しているデジタル芳名板に、城主として登録されたお名前が映し出されます。

【寄付の方法】

■ **ふるさと納税サイトからのお申込み**
「ふるさとチョイスサイト」もしくは「楽天ふるさと納税サイト」からクレジット決済やマルチペイメント等によるお申込みを受け付けています。

■ **お振込み**
専用の振込用紙をお取り寄せいただき、最寄りの郵便局からお振込みください。

■ **窓口でのお申込み（現金受付）**
復興城主受付（二の丸お休み処横）、熊本城総合事務所で受け付けております。

詳しくは、熊本城公式ホームページ（https://castle.kumamoto-guide.jp/fukkou/）または熊本城総合事務所（TEL 096-359-6475）へ。

ふるさとチョイス

楽天ふるさと納税

主要参考文献

■藤岡通夫「熊本城天守復元考」『建築學會論文集』(日本建築学会、1941年)

■荒木精之編『冨重利平作品集』(冨重利平作品集刊行会、1977年)

■北野隆「江戸末期における熊本城下町の武士住宅について」『日本建築学会九州支部研究報告』(日本建築学会、1979年)

■太田博太郎編『日本建築史基礎資料集成 十四 城郭Ⅰ』(中央公論美術出版、1978年)、同『日本建築史基礎資料集成 十五 城郭Ⅱ』(中央公論美術出版、1982年)

■大倉隆二「肥後の近世絵画史概説」(『肥後の近世絵画』熊本県立美術館、1979年)

■熊本市編『熊本城城郭模型製作記録』(1981年)

■森山恒雄『豊臣氏九州蔵入地の研究』(吉川弘文館、1983年)、同「肥後国の豊臣蔵入地と加藤氏所領」『戦国大名論集7 九州大名の研究』(吉川弘文館、1983年)

■文化庁編『戦災等による焼失文化財[増訂版]建造物篇』(便利堂発行、総発売元臨川書店、1983年)

■仁科章夫「岡山城に就て」『建築雑誌』第41輯第502号(日本建築学会、1983年)

■藤岡通夫『城と城下町』(中央公論美術出版、1988年)

■文化財保存計画協会編『重要文化財熊本城宇土櫓保存修理工事報告書』(熊本市、1990年)

■平井聖監修・北野隆編『城郭・侍屋敷古図集成 熊本城』(至文堂、1993年)

■富田紘一「古写真に探る城と城下町」(肥後上代文化研究会、1993年)、同「白川・坪井川流路考―清正公さんの時代は白川がお城の前を流れていた」『熊本城』復刊19号(熊本城顕彰会、1995年)、同「白川・坪井川流路と城下町の形成」『市史研究くまもと 第7号』(熊本市、1996年)、同「熊本の三河川と城下町の形成」『市史研究くまもと 第11号』(熊本市、2000年)

■八代市立博物館未来の森ミュージアム編『関ヶ原合戦と九州の武将たち』(1998年)

■新熊本市史編纂委員会編『新熊本市史 別編第1巻・第2巻 絵図・地図上・下』(熊本市、1993年)、同『新熊本市史 通史編』第1巻～第9巻(熊本市、1997～2003年)

■『歴史群像名城シリーズ 熊本城』(学習研究社、2000年)

■芦北町教育委員会編『芦北町文化財調査報告 第2集 佐敷城跡』(2004年)

■佐賀県立名護屋城博物館編『秀吉と文禄・慶長の役』(2007年)

■小川原正道『西南戦争』(中央公論社、2007年)

■熊本県立美術館編『熊本城築城四〇〇年記念 激動の三代展』(熊本城築城四〇〇年記念展実行委員会、2007年)

■熊本県立美術館編『永青文庫 細川家の歴史と名宝』(2008年)

■細川護熙・竹内順一他著、芸術新潮編集部編『細川家の700年 永青文庫の至宝』(新潮社、2008年)

■猪飼隆明『西南戦争 戦争の大義と動員される民衆』(吉川弘文館、2008年)

■群馬県立歴史博物館編『群馬県立歴史博物館所蔵 中世文書資料集』(2008年)

■蔚山発展研究院『慶尚左兵営城建物址』(2010年)

■川村博忠『江戸幕府の日本地図 国絵図・城絵図・日本図』(吉川弘文館、2010年)

■加藤清正と本妙寺の至宝展実行委員会編『清正公四〇〇年遠忌記念 加藤清正と本妙寺の至宝展』(2010年)

■東京国立博物館他編『細川家の至宝―珠玉の永青文庫コレクション―』(NHK・NHKプロモーション、2010～2012年)

■熊本大学文学部附属永青文庫研究センター編『永青文庫叢書 細川家文書 絵図・地図・指図編Ⅰ』(吉川弘文館、2011年)

■熊本県立美術館編『永青文庫所蔵資料調査報告書 第一集―武器と武具―』(2012年)

■熊本県教育委員会編『熊本県文化財調査報告第269集 熊本城遺跡群古城上段』(2012年)

■熊本県立美術館編『生誕四五〇年記念展 加藤清正』(生誕四五〇年記念 加藤清正展実行委員会、2012年)

■松田浩子・伊東龍一「熊本城下における武家住宅に関する研究―『西南役焼失調』の再検討」『日本建築学会学術講演梗概集』(日本建築学会、2012年)

■八代市立博物館未来の森ミュージアム編『秀吉が八代にやって来た』(2013年)

■熊本日日新聞社編、山田貴司・鳥津亮二・大浪和弥解説『加藤清正の生涯 古文書が語る実像』(熊本日日新聞社、2013年)

■織豊期城郭研究会編『倭城を歩く』(サンライズ出版、2014年)

■鳥津亮二「加藤清正のクセ字―自筆文書の紹介と考察―」『東京大学史料編纂所附属画像史料解析センター通信』第65号(東京大学史料編纂所、2014年)

■熊本市都市政策研究所編『熊本都市形成史図集』(2014年)

■高正龍「蔚山慶尚左兵営城と熊本佐敷城の同笵瓦―豊臣秀吉の朝鮮侵略と『朝鮮瓦』の伝播2 ―」『東アジア瓦研究』第4号(東アジア瓦研究会、2015年)

■熊本県立美術館編『開館四十周年記念展 雪舟流と狩野派 細川家を魅了した日本絵画の至宝』(雪舟流と狩野派展実行委員会、2016年)

■熊本市熊本城調査研究センター編『熊本城跡発掘調査報告書2―本丸御殿の調査―第1・第2・第3分冊』(熊本市、2016年)

■後藤典子『熊本城の被災修復と細川忠利―近世初期の居城普請・公儀普請・地方普請―』(熊本日日新聞社、2017年)

■熊本県立美術館編『震災と復興のメモリー@熊本 歴史にみる地震の爪あとと、復興を目指す人々のあゆみ』(2017年)

■熊本市『西南戦争140年記念シンポジウム記録集「熊本城炎上の謎に迫る!」』(2018年)

■稲葉継陽『細川忠利―ポスト戦国世代の国づくり』(吉川弘文館、2018年)

■今村直樹「廃藩置県後の細川家当主所用甲冑と旧家臣」『永青文庫研究』創刊号(熊本大学永青文庫研究センター、2018年)

■金子岳史「加藤清正御用絵師・狩野言信について」奥平俊六先生退職記念論文集編纂委員会編『畫下遊楽(二)奥平俊六先生退職記念論文集』藝華書院、2018年)

■原口泉監修『戦況図解 西南戦争』(三栄書房、2018年)

■島充『熊本城超絶再現記 巨大ジオラマでよみがえる本丸の全貌』(新紀元社、2019年)

■熊本県立美術館編『熊本城大天守外観復旧記念 熊本城と武の世界』(熊本城と武の世界展実行委員会、2019年)

■光成準治『九州の関ヶ原』(戎光祥出版、2019年)

■熊本城調査研究センター編『特別史跡熊本城跡総括報告書 整備事業編』(熊本市、2016年)、同『特別史跡熊本城跡総括報告書 歴史資料編』(熊本市、2019年)、同『特別史跡熊本城跡総括報告書 調査研究編』(熊本市、2020・2021年)

熊本城ミュージアム わくわく座

熊本市中央区二の丸1-1-1
電話 096-288-5600

■入館料　大人　300円
　　　　　子ども（小・中学生）100円
■開館時間　9:00〜17:30（入場は17:00まで）

■2館共通券（熊本城・わくわく座）
　大人850円、子ども（小・中学生）300円
■3館共通券（熊本城・わくわく座・熊本博物館）
　大人1100円、子ども（小・中学生）400円

　熊本城の歴史・文化を多彩なコンテンツで楽しく学べるミュージアム。 大迫力の「熊本城VR」や「熊本城被災・復旧プロジェクションマッピング」など、スタッフのライブ解説で、時空を超えた熊本城の新たな魅力を体感できます。

熊本博物館

熊本市中央区古京町3-2
電話 096-324-3500

■入場料　一般　400円
　　　　　高校生・大学生　300円
　　　　　小中学生　200円
■開館時間　9:00〜17:00（入場は16:30まで）
■休館日　月曜日（祝日の場合は翌日）
　　　　　12月29日〜1月3日
　　　　　保守点検期間等

■3館共通券（熊本城・わくわく座・熊本博物館）
　大人1100円、子ども（小・中学生）400円

　「未来へつなぐ熊本の記憶」を新たなテーマとして常設展示が一新され、展示物が増えました。 中でも、熊本城の天守閣内から移築された旧細川藩主が参勤交代で使用した御座船「細川家舟屋形」などの国指定重要文化財は必見です。

熊本県立美術館本館

　熊本城二の丸広場の一画に位置し、熊本ゆかりの古美術や歴史資料、日本の近・現代美術、西洋絵画や欧米の版画などを所蔵、展示公開しています。「細川コレクション永青文庫展示室（別棟展示室）」では、加藤家に代わり熊本を治めた細川家ゆかりの永青文庫の名品を鑑賞することができます。

熊本市中央区二の丸2
電話 096-352-2111

■共通券（別棟展示室＋本館第2展示室）
　　　　　一般 430円　大学生 260円
■開館時間　9:30〜17:15（入館は16:45まで）
■休館日　月曜日、年末年始など
　（月曜日が祝日・休日の場合は開館、翌平日が休館）

熊本県伝統工芸館

　肥後象がんをはじめ木工品、染織物、竹製品、陶磁器、刃物など、熊本県の指定を受けた伝統的工芸品が一堂に展示されています。 見学するだけでなく即売コーナーもあり、特注にも対応。 彦一こま、おばけの金太、木葉猿、きじ馬など、ユニークで愛らしい郷土玩具もそろいます。

熊本市中央区千葉城町3-35
電話 096-324-4930

■入館料（2階企画・常設展示のみ）
　　　　　大人 210円　大学生 130円
■開館時間　9:30〜17:30
■休館日　月曜日（月曜が祝日・休日の場合、翌日が休館）

肥後の里山ギャラリー

　肥後銀行本店内にある施設。 熊本県にゆかりのある歴史的な遺産・文化財を中心とした展示があるほか、県内外の有識者を招いた文化講演会なども開催されています。 永青文庫所蔵の『領内名勝図巻』全巻および県内の重要文化財等のデジタルミュージアムも設置。

熊本市中央区練兵町1
肥後銀行本店ビル1階
電話　096-328-7800

■入館料　　無料
■開館時間　9:30〜16:30
■休館日　日曜日、祝日、年末年始

肥後 本妙寺

　加藤家代々の菩提寺で日蓮宗の名刹。 急勾配の石段「胸突雁木（むなつきがんぎ）」を上ると、清正公が祀られている浄池廟（じょうちびょう）に行き着きます。 また境内には、加藤清正にまつわる遺品や文書、書画、工芸品など貴重な文化財を収蔵・展示する「本妙寺加藤清正公記念館」（旧宝物館）がオープン予定です。

熊本市西区花園4-13-1
電話　096-354-1411

※2021年3月時点で「本妙寺加藤清正公記念館」のオープン時期や開館時間、入館料などは未定です。 詳しくは本妙寺のホームページをご確認ください

熊本城へのアクセス

公共交通機関をご利用の場合は、桜町バスターミナル、または熊本城周辺の電停を利用するのが便利です。
詳しくは熊本城公式ホームページ（https://castle.kumamoto-guide.jp）をご覧ください。

熊本城公式HP

 桜町バスターミナルから…徒歩約10分
市電 花畑町電停から…徒歩約10分
市電 熊本城・市役所前電停から…徒歩約10分

熊本空港から
阿蘇くまもと空港バス停 〜 桜町バスターミナル
所要時間：約50分

熊本駅から
【市電】熊本駅前電停 〜 熊本城・市役所前電停
所要時間：約17分

【バス】熊本駅前バス停 〜 桜町バスターミナル
所要時間：約10分
※桜町バスターミナル経由のバスは全て
桜町バスターミナルに停車します

九州自動車道から
【熊本ICから】
国道57号を熊本市街地方面へ車で約30分

【益城・熊本空港ICから】
県道36号（第二空港線）を熊本市街地方面へ
車で約30分

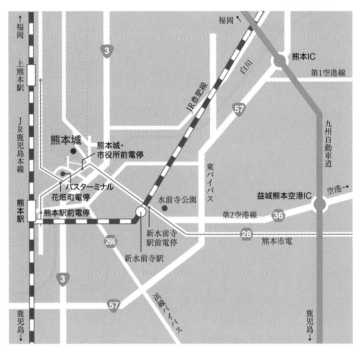

 ■入園料　高校生以上 800円　小・中学生 300円
※未就学児、熊本市内の小・中学生、身体障がい者手帳などの交付を受けている方、
熊本市内在住で65歳以上の方、城主手形をお持ちの方は無料

■公開時間　9：00 〜 17：00（最終入園16：30）

『復興 熊本城』別冊
天守閣完全復旧記念
熊本城天守閣常設展示図録

発行日	令和3年3月26日　初版 第1刷
	令和5年1月1日　　初版 第2刷
発行	熊本市／熊本日日新聞社
文	熊本城総合事務所／熊本城調査研究センター
制作・発売	熊日出版（熊日サービス開発株式会社 出版部） 〒860-0827 熊本市中央区世安1-5-1 TEL096-361-3274　FAX096-361-3249 https://www.kumanichi-sv.co.jp/books/
撮影	YASHIRO PHOTO OFFICE、栗原平、柿元望見
ブックデザイン	中川哲子デザイン室
印刷	株式会社城野印刷所

ISBN978-4-87755-617-4　C0021